PARIS 50 centimes

BIBLIOTHÈQUE OMNIBUS

ILLUSTRÉE

Romans, Contes, Chroniques, Procès, Théâtre, Voyages, etc.

PROVINCE 60 centimes

ROBERT HYENNE

WILLIAM PALMER

EMPOISONNEUR ET FAUSSAIRE

UNE AFFAIRE D'OR

ÉPISODE DE LA VIE CALIFORNIENNE

LIBRAIRIE MODERNE

49, BOULEVARD DE SÉBASTOPOL (RIVE GAUCHE) ET RUE DE LA HARPE, [illegible]

[illegible] BROCHURE — GUSTAVE HAVARD, LIBRAIRE-ÉDITEUR — [illegible]

, BOULEVARD DE SÉBASTOPOL (rive gauche) — GUSTAVE HAVARD, ÉDITEUR — 48, RUE DE LA HARPE (rive gauche).

WILLIAM PALMER

EMPOISONNEUR ET FAUSSAIRE

PAR

ROBERT HYENNE

PREMIÈRE PARTIE.

LE CRIME.

I

LE DÉMON DE LA PERVERSITÉ.

C'est une étrange histoire, en vérité, que celle dont nous avons à raconter les détails : tellement étrange qu'en la lisant, on serait tenté de douter de la bonté divine, si l'on ne savait que Dieu, dont l'essence même est la bonté, permet parfois que le crime s'accomplisse, lorsque du crime peut résulter un enseignement pour la société.

La France, depuis longtemps déjà, semblait s'être attribué le monopole du poison; de chez nous venaient, en effet, presque tous les empoisonneurs célèbres (c'est ainsi qu'on dit, je crois) : la Voisin, la marquise de Brinvilliers, le docteur Castaing, madame Lafarge. Mais il était réservé à l'Angleterre de se mettre tout d'un coup à notre niveau, de manière à n'avoir plus rien à nous envier, en inscrivant dans ses annales judiciaires un seul nom, celui que nous inscrivons nous-même en tête de ces pages, le nom de WILLIAM PALMER.

Quatre années à peine se sont écoulées depuis lors, et tel est le retentissement qui s'est fait autour du procès de ce grand criminel, que le souvenir en est encore présent dans presque tous les esprits.

Qu'est-ce donc que ce William Palmer? Qu'est-ce donc que cet empoisonneur qui vient tout à coup le disputer aux célébrités du genre, — triste célébrité, celle qui s'acquiert par le crime! — et qui le leur dispute si bien, que toutes ces renommées pâlissent et s'effacent désormais devant la sienne, et qu'il nous apparaît lui-même comme le chef de cette phalange sinistre?

Sans doute nous nous récrierions, si quelque romancier, sous prétexte de tracer le portrait d'un de ses personnages, venait nous dire ceci : Il s'est trouvé un homme dont tout semblait devoir à la fois garantir l'honorabilité : la famille à laquelle il appartenait, l'éducation brillante et solide qu'il avait reçue, son intelligence naturelle, la position surtout qu'il occupait dans la société, une de ces positions devant lesquelles s'inclinent toutes les autres (il était médecin); mais tels étaient les instincts de cet homme, telles ses passions, que tous ces avantages précieux, il les a fait concourir au développement de ses instincts, à l'assouvissement de ses passions. Rapidement, fatalement, il est entré dans la voie du crime, cette voie où chaque pas qu'on fait est un pas de géant; il a marché, marché encore, marché toujours, s'enfonçant de plus en plus avant dans le mal, et il ne s'est enfin arrêté que le jour où le pied lui a manqué subitement et où, trébuchant sur la pente qu'il avait lui-même tracée, il est tombé sans pouvoir se relever.

Comme nous l'accuserions volontiers d'exagération, le romancier qui nous dirait cela! Et pourtant, rien n'est plus vrai : l'homme a existé; tenez, il s'appelait, de son vivant, WILLIAM PALMER, *esquire*. Il a commencé par empoisonner sa belle-mère, ensuite ses propres enfants, légitimes ou illégitimes, peu importe, en tout sept. Puis, ç'a été le tour d'un de ses créanciers, M. Bladen; puis est venue sa femme, madame Anne Palmer; puis son frère, Walter Palmer; puis, enfin, un de ses amis, John Parsons Cook, dont le meurtre a été sa pierre d'achoppement. Tout cela, sans compter les vols, les faux, les tentatives non suivies de succès, et plusieurs crimes encore, à l'égard desquels on a dû se borner au soupçon, faute de preuves.

Oh! c'est que tout était bien combiné; c'est que ce n'était pas un criminel vulgaire, celui qui a mérité d'être comparé par un journal anglais à Napoléon pour l'audace, pour la mémoire à Wellington, et aux plus grands conquérants pour le génie stratégique! Doué d'une activité infatigable, merveilleuse, il ne négligeait rien dans ses plans, ni les bons offices, ni la corruption, ni l'indifférence même, affectée à propos, et ce n'est pas sa faute, nous le verrons plus tard, si son infernale adresse a été déjouée et si sa dernière opération n'a pas réussi à son gré. Il a fallu pour cela une de ces infiniment petites circonstances, un de ces hasards auxquels on reconnaît toujours le doigt de la Providence, qui aime à s'en servir précisément parce qu'ils font mieux éclater sa toute-puissance.

On se demande, il est vrai, comment cette même Providence a pu créer des monstres tels que ce Palmer; on s'étonne que le cerveau de l'homme puisse concevoir de pareils crimes, et que son cœur ait autant de place pour le mal. En vain cherche-t-on à s'expliquer tout cela d'une manière satisfaisante. Pour moi, plus j'y réfléchis, et plus je suis tenté de croire qu'il est des hommes que la fatalité a marqués, dès leur naissance, de son sceau ineffaçable, et qu'elle a voués d'avance au crime ou au malheur.

Ou bien encore faut-il se ranger à l'opinion d'Edgar Poe, ce profond et sombre génie, mélange bizarre de folie et de raison, d'hallucination et de clairvoyance, qui a écrit dans une de ses *Histoires extraordinaires* :

« Il y a dans l'homme une force mystérieuse dont la philosophie moderne ne veut pas tenir compte; et cependant, sans cette force innomée, sans ce penchant primordial, une foule d'actions humaines resteront inexpliquées, inexplicables. Ces actions n'ont d'attrait que *parce que* elles sont mauvaises, dangereuses; elles possèdent l'attirance du gouffre. Cette force primitive, irrésistible, est la PERVERSITÉ naturelle, qui fait que l'homme est sans cesse et à la fois homicide et suicide, assassin et bourreau. »

Quoi qu'il en soit, laissons de côté dame Philosophie, et, maintenant que nous connaissons l'importance de la cause qui va se dérouler sous nos yeux, abordons, sans plus tarder, l'histoire particulière du docteur William.

II

LA FAMILLE DU MARCHAND DE BOIS.

Une des plus belles parties de l'Angleterre, sous tous les rapports, c'est certainement le comté de Stafford, ou Staffordshire, pour parler la langue de nos voisins.

Rien de pittoresque comme les bords de la Trent, qui le traverse presque tout entier; rien de fertile comme les terrains qu'elle arrose. Tout le long de son cours varié, le voyageur s'arrête plein d'admiration devant des sites charmants, de magnifiques plantations, ou de féeriques châteaux qui sont les demeures de l'aristocratie anglaise.

Sillonnée par de nombreux canaux, toute cette contrée est le théâtre d'une industrie riche et variée; non contents de récolter en abondance les céréales, le chanvre, le lin et autres produits agricoles, les habitants cherchent encore activement dans le sol d'autres sources de richesse : après en avoir extrait le fer, la houille, le plomb, le cuivre, le marbre, la pierre à chaux, ils s'emploient à façonner les métaux et livrent au commerce des poteries et des faïences estimées.

Heureux pays! heureux habitants!

Et ce n'est pas tout encore. Tandis que, dans la partie septentrionale de ce comté, commence une chaîne de collines qui se prolonge jusqu'en Écosse, et dont la plus haute est d'environ 1,500 pieds au-dessus du niveau de la Trent, la grande et antique forêt de Cannock, jadis couverte de chênes et qui s'épanouissait orgueilleusement au centre du Staffordshire, ne présente plus depuis longtemps qu'un vaste espace entièrement dépouillé, mais éloquent encore par les ruines qu'on y retrouve et les souvenirs qu'il rappelle.

C'est de ce côté précisément, à quatre milles de Shugborough, célèbre par ses beautés naturelles et artificielles, célèbre surtout comme lieu de naissance d'un célèbre marin, de lord Anson, et à deux milles environ d'une source minérale fort connue, située sur Cannock-Chase, que nous prierons le lecteur de vouloir bien nous suivre : car c'est là, tout au fond de la vallée de la Trent, sur le parcours du chemin de fer de North-Western, que gît la petite mais opulente ville de Rugeley.

Il faut vraiment avoir vu Rugeley, ami lecteur, pour s'en faire une idée exacte. Si vous ne m'en croyez, consultez un de ces petits livres rouges ou noirs, qui s'affublent prétentieusement du nom de *guides*, et demandez-lui ce qu'est Rugeley. Il vous répondra sèchement et du ton d'un écolier qui récite sa leçon que Rugeley est une ville bien bâtie, faisant un grand commerce de chapeaux, possédant plusieurs moulins, et quelques usines de fer; qu'elle tire, d'ailleurs, un immense parti de la proximité du canal de Grand-Trunk, qui passe au-dessus de la Trent par un bel aqueduc, et que sa population est d'environ 3,500 habitants. Peut-être ajoutera-t-il, le *Guide*, s'il est bien disposé, et il croira dès lors vous avoir tout dit, que Rugeley possède un vieux monument, l'église Saint-Augustin, surmontée d'une belle tour à son extrémité ouest.

Voilà ce que vous affirmera le *Guide*; mais il se gardera bien de vous apprendre, entre autres choses intéressantes, que, dans cette petite ville bien bâtie, se tient, chaque année, une foire aux chevaux renommée dans toute l'Angleterre, courue par tout ce qu'ont de noble et de riche en gentlemen-riders les trois royaumes-unis, et où le gouvernement britannique lui-même s'approvisionne pour la remonte de sa cavalerie. Et des attrayantes beautés de Rugeley, pas un mot : voilà comment parlent les *guides*.

Or, c'est un délicieux séjour que Rugeley. Rien de plus gracieux que ses rues bordées de jardins ombreux, que ses prairies émaillées de fleurs, que traversent les ondes bleues d'une rivière aux détours fantasques. Un poète ne souhaiterait pas de plus charmant asile pour ses rêves; un amoureux ne rêverait pas un plus poétique paradis pour ses amours.

Si l'on s'avance jusqu'à une portée de fusil d'un pont de pierre dont les arches élancées relient ensemble les rives pittoresques de la Trent, on découvre une maison en briques, à l'aspect riant et cossu. Du perron de ce cottage une avenue de beaux arbres descend vers la rivière. Dans une petite cour, proprette et pavée de grès, sont rangées des caisses d'orangers et de lauriers-roses, dont les fruits et les fleurs réjouissent la vue, tandis que leurs parfums embaument tous les alentours. Non loin de là s'étalent les restes d'un vieux chantier et la tranquille enceinte d'un cimetière, où de nombreuses générations dorment de l'éternel sommeil.

Vrai, c'est un nid sous la feuillée, cette maison : un véritable Eden!

Sous ce toit qui semble si bien fait pour abriter le bonheur, habite la veuve d'un marchand de bois que de mystérieuses spéculations avaient colossalement enrichi, qu'une fin mystérieuse conduisit, prématurément peut-être, au tombeau.

Une nombreuse famille est née dans cette demeure : madame Palmer a donné le jour à cinq fils et à deux filles.

De ces cinq fils, le premier fut avocat, le second ministre du culte, le troisième chirurgien, le quatrième facteur en grains, le cinquième marchand de bois, comme l'avait été son père.

Des deux filles, l'une vit encore et partage avec sa mère l'estime et l'affection de tous ceux qui les connaissent. L'autre est morte avant l'âge, morte victime d'une horrible passion, deux fois plus horrible chez une femme, l'ivrognerie. Quelle maladie, hélas! est comparable à celle-là!

Quelque riche et influente qu'elle fût d'ailleurs, la famille du marchand de bois avait toujours vécu dans l'obscurité, jusqu'au jour où l'un de ses membres, William Palmer, fit rejaillir sur elle l'éclat retentissant d'une des célébrités les plus néfastes dont les annales du crime aient jusqu'à présent conservé la mémoire.

Lui aussi, il était né dans le riant cottage des bords de la Trent; lui aussi, il avait grandi au milieu des orangers et des lauriers-roses. N'avions-nous pas raison de comparer tout à l'heure cette maison à un véritable Eden? Le serpent lui-même, ce génie du mal, y était caché dans les fleurs.

De l'enfance du petit William nous ne savons rien, rien absolument; non plus de sa jeunesse, si ce n'est qu'après avoir été apprenti chez un chimiste de Liverpool, il se livra à l'étude de la médecine, et fut employé, en qualité d'élève, à la clinique de l'hôpital de Saint-Barthélemy, à Londres.

C'est dans cette dernière ville qu'il obtint son diplôme en 1846, et, la même année, il alla s'établir à Rugeley, lieu de sa naissance, pour y exercer son art.

Nous verrons bientôt comment le jeune docteur comprenait et entendait mettre à profit l'utilité de la science.

III

LES DÉBUTS DU DOCTEUR.

C'était en 1847. Médecin depuis un an déjà, William Palmer voulut asseoir sa position et il jugea à propos de se marier.

Doué d'un extérieur aimable, d'une physionomie prévenante, d'une humeur douce et joviale, il avait alors toutes les qualités qui préviennent d'ordinaire en faveur d'un jeune homme. Outre qu'il était juste âgé de vingt-cinq ans, il se montrait bon pour les pauvres, poli envers ses inférieurs, et ne laissait pas en même temps que d'être très-bien vu de toutes les femmes de chambre de la contrée, auxquelles, à l'occasion, il ne dédaignait pas de donner mainte preuve peu platonique de son intérêt.

Ses dehors séduisants lui gagnèrent bientôt le cœur d'une jeune fille de Stafford, nommée Anne Brooks, dont il ne tarda pas à obtenir la main.

C'était la fille naturelle d'un ancien colonel de la Compagnie des Indes-Orientales, qui, après avoir amassé durant le temps de son service une assez jolie fortune, s'était retiré à Stafford pour y vivre tranquillement. Neuf immeubles et des biens mobiliers considérables composaient son avoir.

En 1834, le colonel William Brooks périt assassiné. Cet événement malheureux donna lieu à une enquête; mais toutes les recherches furent vaines, et l'on dut renoncer à découvrir l'auteur de ce crime.

Soit qu'il s'attendît à quelque accident de ce genre, soit que la prudence fût le fond de son caractère, le colonel Brooks avait disposé de sa fortune par un testament en bonne forme. L'usufruit en devait passer à sa maîtresse, Mary Thornton, tandis que la nue-propriété en resterait à la fille de cette dernière, la jolie Anne Brooks, qui devint plus tard madame Palmer.

Certes, il n'eût tenu qu'au jeune docteur de trouver la félicité la plus complète dans cette union avec une jeune femme riche, aimable et admirablement belle. Mais c'était un esprit inquiet, aventureux, fantasque, qu'occupaient d'autres soins. Il semblait s'être pris d'une belle passion pour la science toxicologique, passait des nuits entières enfermé dans son cabinet, et consacrait toutes ses heures à étudier les propriétés des poisons, choisissant de préférence les plus violents, la strychnine, l'antimoine, l'acide prussique, la morphine.

Une seule chose paraissait avoir le don de le distraire de ses sombres occupations, les chevaux. Élevé dans une ville éminemment populaire parmi les héros du *turf*, il avait pris l'habitude de suivre les courses, d'y engager des paris, d'y faire courir même. Il était, sous ce rapport, véritablement Anglais; nul n'ignore, en effet, que le sport est passé, en Angleterre, à l'état de manie, et que les plus grands hommes d'État de ce pays, lord Bentinck, lord Derby, et bien d'autres, le regardent comme une de leurs gloires nationales.

Donc William Palmer voulut avoir des écuries : il en eut.

Mais c'est un coûteux plaisir que celui-là : le jeune médecin ne tarda pas à l'éprouver par lui-même. Sur le champ de courses, il pariait en grand seigneur et gagnait rarement. Cependant il fallait payer : n'est-il pas convenu, en effet, que les dettes de jeu sont des dettes d'honneur? Et le sport, qu'est-ce autre chose, s'il vous plaît, qu'un jeu de hasard?

Tout alla bien d'abord; mais, comme dit le proverbe, tant va la cruche à l'eau.... Il fallut emprunter. Hélas! l'argent n'est précieux que parce qu'il est rare : les usuriers le savent bien. Palmer dut plus d'une fois accepter le taux énorme de 60 %. Puis, un jour, il en fut des ressources qu'on était parvenu à se créer au moyen de l'usure comme il en avait jadis été des ressources personnelles : elles ne suffirent plus. Qui pourrait suffire en effet à remplir le tonneau des Danaïdes? Palmer se décida à demander au crime les expédients que lui refusait l'usure. Il y allait de sa dignité de gentleman-rider; il y allait surtout de son amour-propre.

Déjà, dans mainte circonstance, William avait eu recours

à sa belle-mère, Mary Thornton, et celle-ci était venue au secours de son gendre. Mais la digne femme n'avait pu surmonter un sentiment secret, instinctif, qui lui disait de se tenir en garde contre cet homme. Elle en avait peur, et, en même temps, sans pouvoir se rendre compte de ce qu'elle éprouvait, elle sentait naître en elle des craintes invincibles pour le bonheur de sa fille.

N'y pouvant plus tenir, elle quitta Stafford, qu'elle n'avait cessé d'habiter depuis la mort du colonel Brooks, et vint s'établir à Rugeley, dans la maison de son gendre.

Quatre jours après y être entrée, elle mourut.

On était alors en 1849.

Toute la fortune que Mary Thornton avait reçue du colonel Brooks passa alors, ainsi que le voulait le testament de ce dernier, à sa fille, madame Anne Palmer, dont le mari se trouva, en conséquence, à la tête d'un revenu considérable.

Il est vrai de dire que ce revenu devait cesser de droit à la mort de madame Palmer, pour être attribué à ses enfants.

Heureusement, le docteur Palmer était homme de précaution. En janvier 1850, à l'occasion d'un procès de famille, Palmer s'adressa à plusieurs compagnies, afin de placer une assurance sur la vie de sa chère Anne.

La jeune femme, à cette époque, était enceinte, et la grossesse, personne ne l'ignore, est considérée comme maladie; mais cette maladie intéressante ne faisait qu'expliquer mieux les inquiétudes de William Palmer. Aussi, les médecins s'empressèrent-ils de déclarer en toute conscience que sa femme jouissait d'une excellente santé et prédirent-ils le paiement de primes abondantes.

En présence d'une telle déclaration, trois compagnies, *l'Union de Norwich*, *le Soleil*, *l'Equitable*, société écossaise, s'engagèrent collectivement à payer la somme de 13,000 livres sterling, soit 325,000 francs de notre monnaie, le jour où madame Palmer mourrait.

Le 24 janvier, la jeune femme accouchait d'un enfant qui ne vécut que deux jours.

Le deuxième jour, le père avait fait appeler un vieux docteur, âgé de quatre-vingts ans, nommé M. Bamford. Celui-ci s'était retiré en prescrivant une potion. William Palmer l'avait lui-même administrée, et, une heure plus tard, il avait écrit sur son agenda :

« Babu, mort à dix heures du soir. »

En somme, ce n'était là qu'un accident vulgaire. Tous les jours, hélas! il vous meurt des petits enfants, qui, la veille encore, semblaient ne demander qu'à vivre. A l'âge surtout de celui-là, l'existence de ces petits êtres est si frêle; elle tient à si peu de chose!

Quelques mois s'écoulèrent sans apporter aucun changement dans l'existence du docteur William. C'était toujours de sa part la même passion pour les courses, les mêmes paris effrénés; mais c'étaient en même temps des besoins d'argent plus impérieux que jamais. Plus d'une fois encore, il fallut recourir à d'onéreux emprunts.

Un jour, un M. Bladen, agent d'une grande brasserie, à qui William devait 400 livres sterling, empruntées sur le turf, se rendit à Rugeley, afin d'en réclamer le paiement.

Palmer était son ami : M. Bladen accepta donc tout naturellement l'invitation qui lui fut faite par le docteur de passer la nuit dans son habitation.

Au milieu de la nuit, M. Bladen se sentit subitement indisposé. On s'empressa d'appeler le vieux docteur Bamford, qui prescrivit immédiatement une potion calmante.

Une heure à peine s'était écoulée, que M. Bladen avait cessé de vivre.

La chance était décidément du côté de William Palmer : car cette mort inattendue le libérait d'un seul coup d'une dette de 10,000 francs. Un joli denier, pas vrai?

Mais qu'était-ce, en vérité, qu'une pareille somme pour le docteur de Rugeley? A coup sûr, il n'eût pas, pour si petite misère, fait assurer la vie de sa chère femme, madame Anne Palmer!

IV

DE L'UTILITÉ DES ASSURANCES SUR LA VIE.

Les débuts de William Palmer, on en conviendra sans peine, promettaient pour la suite. Avec de pareilles dispositions, il est difficile de ne pas rencontrer la potence au bout du chemin. Mais tous les criminels sont ainsi faits : pour peu que le châtiment se fasse attendre, ils en arrivent à se persuader qu'on ne les découvrira jamais, et, bercés par l'espoir de l'impunité, ils s'endorment dans une fausse sécurité, jusqu'au jour où le bourreau les réveille brusquement en leur frappant sur l'épaule.

Quelques-uns, aveuglés par la réussite d'un premier crime, se laissent aller au courant qui les emporte presque irrésistiblement, et entassent forfaits sur forfaits. En vain essaient-ils de lutter; le gouffre est là, qui les attire : car le crime appelle le crime.

Telle était la situation de William Palmer à la mort de M. Bladen.

Le malheureux docteur avait déjà trop fait pour pouvoir s'arrêter. Le champ du hasard était ensemencé : il s'apprêta à récolter. Le moment ne se fit pas attendre.

Au mois de septembre 1854, madame Palmer, accompagnée d'une de ses belles-sœurs, se rendit à Liverpool pour entendre un grand concert. Elle y prit un rhume, et, lorsqu'elle revint à Rugeley, elle était légèrement indisposée.

Le lendemain matin, son mari, aux petits soins pour elle, s'empressa de lui apporter une tasse de thé sucré, sans lait.

La jeune femme ne l'eut pas plus tôt bue, qu'elle fut atteinte de vomissements.

On alla en toute hâte quérir ce bon docteur Bamford; on lui fit comprendre que la malade, bien qu'elle souffrît de constipation, avait une cholérine, et le docteur, en conséquence, prescrivit des pilules de calomel et de coloquinte. Puis il se retira.

Il revint le soir et trouva madame Palmer dans le même état qu'à sa première visite. A partir de ce moment, il ne la revit plus. Il est vrai que sa présence était désormais parfaitement inutile : il avait signé d'avance un certificat d'après lequel la jeune femme serait morte de cholérine.

Un autre médecin, le docteur Knight, — il paraît que cela se fait en Angleterre, — consentit tout aussi aisément à signer cette déclaration, à laquelle la garde-malade, une vieille femme sourde, n'hésita pas davantage à apposer sa signature.

Madame Palmer, dont la mémoire est tous les jours encore bénie par les pauvres de Rugeley, était morte le 24 septembre.

Le 29 du même mois, l'inconsolable William écrivait sur son agenda, le même où, quelques mois auparavant, il avait consigné la date et l'heure précise de la mort de Babu, cette courte oraison funèbre :

« Ma pauvre Anne est morte à une heure dix minutes. »

Puis, à la date du 8 octobre, il ajoutait :

« Été à l'église; pris le saint sacrement de la communion. »

Et pourtant il était le seul qui eût pu dire au juste à quelles doses réitérées d'antimoine madame Palmer avait succombé!

La malheureuse victime fut ensevelie à côté de sa mère, et, peu de temps après, les trois compagnies d'assurance dont nous avons parlé versèrent entre les mains du sollicitor chargé par William du recouvrement des polices consenties en sa faveur, la somme de 325,000 francs.

N'était-ce pas là, vraiment, une heureuse récolte?

Sans doute, ce fut l'avis de Palmer; et il trouva la spéculation si bonne, qu'il résolut de la tenter de nouveau.

Mais il y avait une difficulté : la vie de quel parent ou de quel ami allait-il faire assurer, cette fois?

Le docteur de Rugeley n'était pas homme à s'embarrasser pour si peu. Il se rappela à temps qu'il avait un frère, nommé Walter Palmer, qui avait déjà souffert d'une attaque de *delirium tremens*, et son plan fut bien vite tracé.

L'exécution suivit de près.

On trouva des médecins qui déclarèrent en toute conscience que Walter Palmer jouissait de la plus parfaite santé. C'était le point important. Muni de ce certificat, le docteur intrigua tant et si bien, qu'il parvint à placer sur la tête de son frère une assurance de 350,000 francs.

C'était un arrêt de mort en bonne forme.

Franc ivrogne, joueur effréné, effronté libertin, tel était, en trois mots, le cher Walter : au demeurant, un excellent garçon, le meilleur fils du monde. Toute sa vie pouvait se résumer en trois mots, comme son caractère : il vivait séparé de sa femme, laquelle, on n'aura pas de peine à le croire, ne se plaignait aucunement de son absence; et d'un autre côté, désireux sans doute de prouver qu'il pouvait être fidèle à quelque chose, ne fût-ce qu'à une habitude, il buvait quotidiennement un litre de *gin*. Que voulez-vous? C'était comme qui dirait sa prière de tous les jours : prière d'ivrogne; mais chacun honore Dieu à sa manière.

William Palmer, plein d'une tendre sollicitude pour ce frère bien-aimé, — il aimait tant sa famille, le doux médecin ! — eut une idée, idée chère, car elle lui coûtait bel et bien jusqu'à cinq livres par semaine : ce fut de mettre auprès de ce pauvre frère un surveillant, non pour l'empêcher de boire, grand Dieu ! mais, au contraire, pour qu'il ne manquât de rien, de gin surtout.

Et Walter buvait toujours.

En revanche, il commençait à se plaindre beaucoup de vives douleurs, qu'il ressentait, disait-il, sous les omoplates.

On arriva ainsi au 14 août 1855. Le drame touchait au dénoûment.

Ce jour-là, Walter Palmer eut la fantaisie d'assister aux courses de Wolverhampton. Il s'y rendit, accompagné de son fidèle gardien, qui ne le quittait pas plus que son ombre. Il en revint ivre, ce qui n'empêcha pas le complaisant valet de le faire boire encore.

Au milieu de la nuit, Walter fut saisi d'une congestion au cerveau.

On courut aussitôt prévenir son frère, qui se rendit immédiatement à cet appel et administra lui-même une potion au malade.

Quand le bon docteur Bamford arriva, il se trouva en présence d'un cadavre. Pourtant, il n'en signa pas moins un certificat de mort naturelle : c'était tout ce que demandait William.

Oui, mais voilà que, sur le point d'atteindre le but, notre chirurgien eut peur. Déjà de timides soupçons, de ces soupçons qui ne peuvent prendre un corps, mais qu'un rien suffit parfois à éclairer, s'étaient élevés à la mort de sa femme. D'aucuns, des jaloux sans doute, avaient dit tout bas que la fortune du docteur étant sortie de la tombe de madame Anne, n'y aurait rien d'impossible à ce que cette tombe eût été ouverte par lui. Puis, ces gens-là s'étaient tus, et les soupçons étaient tout naturellement tombés d'eux-mêmes.

Ce fut là pourtant ce qui arrêta William. Avant d'aller plus loin, il réfléchit. En le voyant récolter dans une nouvelle tombe une nouvelle fortune, les jaloux pouvaient reparaître à la surface; les soupçons grandiraient; les bruits se changeraient en rumeurs; le jour se ferait!..

Décidément, William Palmer eut peur.

Aussi n'osa-t-il pas réclamer la prime qu'il venait de gagner par la mort de son frère. Les 350,000 francs ne furent pas payés.

Dans tout autre pays, en France, par exemple, les choses ne se fussent sans doute pas passées ainsi : devant de tels faits, devant cette abstention de toute réclamation, l'opinion publique se fût émue; on eût procédé à une enquête, ordonné l'autopsie du cadavre.

En Angleterre, il en fut autrement.

Palmer était tellement puissant, tellement bien posé à Rugeley! Il avait un frère ministre du culte, un frère avocat; il possédait des chevaux de courses; c'était, en un mot, un parfait gentleman. Personne n'eût osé l'accuser.

D'ailleurs Palmer agissait avec une aisance à dérouter tous les soupçons. Quelque temps avant la mort de son frère, il avait proposé à une compagnie une assurance sur la vie d'un de ses amis, un nommé M. Bate : la compagnie refusa. M. Bate dut lui en savoir gré, car ce refus assurait son existence, mieux que toutes les précautions possibles.

Walter mort, William réclama de la veuve le paiement de prétendues obligations contractées par son mari. La pauvre femme exposa la situation malheureuse où elle se trouvait, et Palmer se montra généreux au dernier point, en faisant remise à cette infortunée de sommes qui ne lui étaient pas dues.

Le procédé ne manquait évidemment pas d'une certaine dose d'habileté. Palmer le savait bien. Qui donc eût osé soupçonner d'un crime un homme aussi désintéressé ?

En somme, l'opération n'avait pas été heureuse pour le chirurgien de Rugeley. Il avait commis un meurtre en pure perte : l'empoisonnement de son frère ne répondait pas aux espérances qu'il avait conçues.

William Palmer tourna ses batteries d'un autre côté. Abandonnant pour le présent les assurances, qu'il y avait danger à poursuivre, il caressa l'espoir de se refaire au moyen de paris effectués dans les steeple-chases.

Shrewsbury fut le théâtre où se noua le drame sinistre de l'empoisonnement de John Parsons Cook, drame qui eut pour dénoûment la Cour centrale criminelle de Londres, puis, finalement, la potence de Stafford.

V

LA POUDRE DE SUCCESSION DU DOCTEUR PALMER.

Avant de conduire le lecteur au steeple-chase de Shrewsbury, nous croyons qu'il n'est pas sans intérêt de lui donner dès à présent quelques détails sur le principe destructif employé par Palmer dans l'empoisonnement de John Cook. Outre que ces détails sont on ne peut plus utiles pour pouvoir suivre la marche du chirurgien de Rugeley, ils acquièrent surtout une grande importance au point de vue des discussions soulevées durant les débats judiciaires par les dépositions de plusieurs médecins cités en témoignage.

Nous avons dit plus haut que Palmer passait des nuits entières à étudier les propriétés des poisons, et qu'il semblait s'attacher à ceux que la science désigne comme les plus meurtriers. Parmi ces derniers, il en est un qui, depuis longtemps, avait particulièrement attiré son attention : c'est la strychnine.

Le docteur William professait pour cet agent toxique une telle admiration, dirai-je une telle sympathie, qu'il était allé jusqu'à en donner le nom à son cheval favori : il avait baptisé le noble animal du nom de *Strychnine*. Et s'il ne s'était pas encore servi de ce poison dans ses précédentes expériences de mort, c'est que le docteur était, ainsi que nous l'avons fait remarquer, un homme fantasque, qui aimait à varier ses plaisirs, ou bien peut-être qu'il gardait pour une grande occasion ce qu'il regardait comme un grand remède.

L'habile chirurgien avait mis six mois à empoisonner sa femme au moyen de doses réitérées d'antimoine; il avait mis un an à tuer son frère avec du gin, puis, en fin de compte, l'avait assommé avec de l'acide prussique. Le jour où il eut besoin d'un de ces poisons violents qui foudroient en quelques minutes, comme il n'entrait pas dans ses habitudes de se servir deux fois de suite du même principe, il choisit la strychnine. Et il est à présumer que, si d'autres circonstances ne se fussent pas élevées contre lui et n'eussent pas établi d'une manière victorieuse l'évidence de sa culpabilité, la strychnine n'eût point trahi celui qui la connaissait si bien.

Qu'est-ce donc que la strychnine? La science va nous l'apprendre.

Il y a, parmi les plantes exotiques dont on importe en Europe les utiles produits, une famille nombreuse, bien connue des botanistes et des savants sous le nom de Strychnées, en latin *Strychneæ*. Les membres de cette famille comptent parmi eux un certain nombre d'arbres gigantesques, originaires de l'Inde, de l'Amérique et des îles au-delà de l'Équateur. Un des plus remarquables est le *Strychnos nux vomica*, vulgairement appelé vomiquier.

Le vomiquier, qui acquiert en général une très-grande hauteur et dont la circonférence est quelquefois d'environ quatre mètres, croît à Ceylan, au Malabar et sur la côte de Coromandel. Il affecte de préférence les terrains sablonneux. Le produit de cet arbre est un fruit ovoïde, qui atteint à peu près la grosseur d'une orange. Recouvert d'une enveloppe crustacée assez fragile, l'intérieur présente un certain nombre de graines, éparses dans une pulpe aqueuse : leur couleur est brune, leur odeur nulle, mais elles possèdent en revanche une saveur âcre, très-amère et on ne peut plus désagréable.

Cette graine s'appelle la noix vomique.

Deux chimistes bien connus dans la science par leurs recherches infatigables et leurs savantes expériences, MM. Pelletier et Caventou, ayant, en 1818, analysé la noix vomique, découvrirent que cette graine, en apparence inoffensive, contenait deux principes également destructifs, deux des plus actifs et des plus subtils agents toxiques connus jusqu'à ce jour : la strychnine et la brucine. La proportion dans laquelle ils se trouvent mélangés est de six parties de strychnine contre douze de brucine; comme poison, il résulte des examens comparatifs auxquels on s'est livré, qu'une partie de strychnine équivaut à douze parties de brucine.

La strychnine, préparée en pharmacie, apparaît généralement sous forme de poudre blanche, inodore, d'une amertume insupportable. Elle ne se décompose qu'à une température de 312 et 315 degrés. On l'emploie quelquefois en thérapeutique, soit en nature, dans des pilules, soit à l'état de sel, dans des potions. On n'y a recours que rarement, contre la paralysie, et à la dose de quelques milligrammes seulement. M. Andral l'a vue produire de graves accidents à la dose de $1/12$ de grain (moins de $1/2$ milligr.); d'autres fois, au contraire, il en a été administré jusqu'à plusieurs grains dans les vingt-quatre heures, sans qu'on pût obtenir aucun effet.

A la dose de 10 à 12 centigrammes (2 grains), elle produit presque aussitôt des éblouissements et des contractions de l'estomac rarement suivies de vomissements. Les membres se raidissent, et la mort survient le plus souvent environ un quart d'heure après les premiers symptômes, au milieu d'accidents tétaniques vraiment effrayants.

M. Tanquerel des Planches, cité par Orfila dans son *Traité des poisons*, a décrit ainsi les divers phénomènes qui caractérisent l'empoisonnement par la strychnine :

«De terribles secousses sillonnent le front, l'occiput, la colonne vertébrale, les membres supérieurs et inférieurs, et les mâchoires. Tout le tronc se soulève en prenant un point d'appui sur la tête; la bouche se ferme convulsivement et se remplit d'écume : on entend les mâchoires s'entrechoquer avec énergie. Le malade se mord la langue, s'agite en tous sens, se roule dans son lit, se jette par terre. Les membres se tordent et se raidissent; le corps fait des bonds au moindre choc, au plus léger contact. Pendant toute la durée de cette convulsion, la respiration est suspendue, la face devient livide, et l'asphyxie est imminente; il y a perte entière de connaissance, et une sueur abondante baigne tout le corps. Un calme souvent trompeur succède à ces accès et le malade manifeste qu'il a toute sa connaissance; sa respiration est accélérée; elle se ralentit peu à peu; puis, de temps en temps, de vives secousses se déclarent de toutes parts; enfin tout cesse et le malade sent ses membres brisés; il y éprouve un sentiment de fatigue douloureux. Aussi il peut arriver, lorsqu'on espère que le calme sera continu, qu'il se développe un accès plus violent que le précédent; toutes les parties de la face et de la bouche deviennent violettes et sont déformées par des tiraillements convulsifs; les accès se rapprochent, l'asphyxie se prolonge et la mort en est la suite inévitable.»

Il résulte de ce qu'on vient de lire que le poison agit directement sur le système nerveux, à la manière d'une forte commotion électrique. Dans la pensée d'Orfila, le poison est immédiatement absorbé, et de l'excitation qu'il détermine résultent le tétanos et l'immobilité du thorax; la mort a lieu par une véritable asphyxie : aussi les poumons et le cœur sont-ils gorgés de sang noir.

Mais ce qu'il y a de plus caractéristique dans l'empoisonnement par la strychnine, c'est le calme qui sépare les accès; c'est surtout ce fait, digne de remarque et qui ne s'observe guère sous l'influence d'autres poisons, que le contact d'une partie quelconque du corps, la menace ou le bruit le plus léger déterminent facilement la raideur tétanique générale et accélèrent la reproduction des accès.

Tel est le poison qui va jouer un si grand rôle dans le drame de Shrewsbury. On nous pardonnera de nous être étendu aussi longuement sur ce chapitre : il nous a paru inséparablement lié à l'histoire de William Palmer.

VI

JOHN PARSONS COOK.

Nous avons dit plus haut que, trompé dans son attente en ce qui touchait la mort de son frère, William Palmer avait conçu l'espoir de rétablir ses affaires en pariant au steeple-chase de Shrewsbury.

Depuis un certain temps déjà, le chirurgien de Rugeley était lié d'amitié avec un charmant jeune homme de vingt-huit ans, nommé John Parsons Cook, qu'il dirigeait à son gré.

John Parsons Cook, le meilleur enfant du monde, appartenait à une famille honnête. Il s'était d'abord destiné au barreau; puis, ayant hérité de 12 ou 15,000 livres, il avait pris la passion du turf, en véritable Anglais qu'il était, avait acheté des chevaux, et s'était mis à fréquenter assidument les courses. C'est là qu'il avait fait la connaissance de William Palmer.

Au moment où leurs relations commencèrent, le docteur

était à bout de ressources, et il comptait bien mettre à profit l'intimité qui régnait entre lui et son nouvel ami pour relever sa fortune.

Le 13 novembre 1855, les deux sportmen se trouvèrent aux courses de Shrewsbury, où ils s'étaient rendus ensemble.

M. Cook était propriétaire d'une jument nommée *Pole'star* (Étoile polaire), sur laquelle il avait engagé des paris considérables. Cette jument ayant remporté le prix de la course, l'heureux propriétaire du vainqueur, pour célébrer son triomphe, offrit un dîner à ses amis à la taverne du *Corbeau*.

Le repas, comme bien on pense, fut plein de verve et d'entrain; on sabla de nombreuses bouteilles de vin mousseux; puis, à la mode anglaise, pour se remettre, on but du grog.

John Cook était un jeune homme sobre : il avait bu un ou deux verres de champagne, et s'était arrêté. Lorsqu'on passa au grog, il fit comme tout le monde; mais à la première gorgée qu'il prit de ce mélange, il se plaignit d'une forte cuisson à la gorge.

— « Il y a quelque chose dans cette eau-de-vie! s'écria-t-il. Elle me brûle le gosier. »

— « Quelle folie! » s'exclama Palmer.

Et, trinquant gaîment avec son ami, il vida son verre d'un seul trait.

Puis il ajouta :

— « Je ne lui trouve vraiment rien de particulier. »

Il engagea les personnes présentes à goûter après lui.

— « C'est inutile, répondit-on, puisque vous ne lui trouvez rien d'extraordinaire. »

John Cook reprit son verre, et, par amour-propre sans doute, le vida d'un trait.

Ce soir-là, le jeune homme fut malade.

Son indisposition devint même assez grave, et bientôt il fut pris de vomissements.

Palmer ne l'assista pas tout d'abord; à la fin, cependant, il lui fit prendre quelques drogues pour le soulager.

Le produit des paris engagés sur *Pole'star*, joint à quelque argent, avait mis Cook en possession d'une somme de 7 à 800 livres sterling.

Il se sentait si mal qu'il remit à un nommé Fisher, espèce de courtier de courses avec qui il était très-bien, tout ce qu'il avait sur lui.

En lui confiant son argent, il accusa son ami Palmer de l'avoir empoisonné pour le voler.

Mais c'étaient là des propos en l'air.

Fisher répondit avec beaucoup de sens que, si Palmer avait empoisonné son compagnon, il se serait montré plus officieux et eût voulu à tout prix lui donner ses soins dès le début.

Or, au lieu d'en agir ainsi, le docteur avait laissé le jeune homme monter dans sa chambre et vomir à son aise.

Le lendemain, John Parsons Cook se trouva mieux. William et lui quittèrent l'hôtel du *Corbeau*, abandonnèrent Shrewsbury et repartirent de compagnie pour Rugeley.

Ils étaient toujours les meilleurs amis du monde.

John Parsons Cook prit un appartement à l'hôtel des *Armes de Talbot*, situé directement vis-à-vis du cottage de ce cher William.

Le surlendemain de son arrivée à Rugeley, le jeune sportman tomba de nouveau malade.

Son estomac rebelle refusait tout aliment. Il avait des convulsions qui ressemblaient à des attaques d'épilepsie. Ses yeux sortaient de leurs orbites, ses membres se raidissaient : c'était effrayant.

M. Palmer fut aussitôt appelé, et il administra à son ami un calmant, en attendant l'arrivée de ce bon docteur Bamford, maintenant âgé de quatre-vingt-deux ans.

Le bon docteur Bamford prescrivit deux pilules d'opiat que Palmer refusa de faire prendre au malade.

Il y avait à Lutterworth un médecin nommé M. Jones, avec qui John Parsons était particulièrement lié. Palmer lui écrivit de venir voir son ami, ajoutant :

« Il est urgent, dans votre intérêt, que vous veniez le voir aussitôt que possible. »

Et, en même temps, il représentait John Cook comme atteint de vomissements de bile et de diarrhée.

M. Jones arriva bientôt et s'installa dans la chambre du malade.

Il avait commencé par examiner attentivement l'état de son ami; son attention s'était particulièrement portée sur la langue, et il avait fait remarquer à William qu'elle n'indiquait en aucune façon une affection bilieuse.

Le soir, il y eut une consultation sérieuse entre M. Jones, Palmer et ce bon docteur Bamford.

Au moment où les trois médecins s'éloignaient du lit afin de pouvoir se concerter sans être entendus du malade, ce dernier se retourna vers Palmer et lui dit :

— « Surtout, je vous en prie, plus de vos pilules ni de vos médecines pour cette nuit! »

— « Soyez tranquille, mon ami! » répondit William.

Dans la consultation qui suivit, il insista pour la continuation des pilules.

— « Nous ne lui dirons pas, ajouta-t-il, ce qu'elles contiennent, afin de ne pas renouveler les craintes qu'il a en pensant à celles qu'il a déjà prises. »

Les deux autres médecins se rangèrent à son avis; il fut décidé qu'on ne discontinuerait pas les pilules, et l'on convint, en outre, que cet excellent docteur Bamford les composerait lui-même.

Il se rendit en effet à sa pharmacie, suivi de son confrère William qui rapporta les diverses préparations prescrites.

C'est alors que se passa la scène capitale de ce drame sinistre.

M. Jones était toujours dans la chambre de son ami.

William Palmer s'approcha du malade et lui fit avaler deux pilules qu'il disait être de l'ammoniaque.

Une scène terrible s'ensuivit.

Le patient bondit sur son lit, en proie à d'horribles convulsions. Il poussait des cris effrayants et se tordait comme un damné.

Son agonie fut courte.

Au bout de quelques secondes, le cœur cessa de battre; le pouls s'éteignit graduellement.

Lorsque M. Jones se pencha sur son ami pour interroger la source même de la vie, il ne trouva plus en face de lui qu'un cadavre....

John Parsons Cook avait cessé de vivre.

VII

RÉSULTAT NON PRÉVU PAR PALMER.

L'horrible événement qu'on vient de lire, et que nous avons à dessein raconté d'une manière succincte pour ne pas diminuer l'intérêt que présente par certains détails le réquisitoire de l'attorney-général, cet événement, disons-nous, avait lieu le 20 novembre 1855.

Aucune enquête n'avait suivi la mort de madame Anne Palmer; non plus celle de Walter Palmer.

Cette fois, il allait en être autrement.

La mort de John Parsons Cook s'était produite d'une manière trop étrange, des circonstances trop suspectes l'avaient entourée, pour qu'il fût possible de laisser passer sans examen les soupçons qu'évidemment elle allait faire naître de toutes parts.

Une enquête fut ordonnée; on y procéda sans retard.

L'excellent docteur Bamford prétendit que la mort était due à une congestion cérébrale. C'était, paraît-il, un homme bien fort que cet excellent docteur Bamford; et, si Palmer eût eu besoin d'un complice, il ne l'eût pas souhaité, il ne l'eût pas trouvé plus accompli!

Un de ses confrères s'empressa du reste de contredire le vieux médecin, et prétendit qu'il n'y avait aucune trace d'épanchement au cerveau.

Le père du défunt intervint et trancha d'un seul coup la difficulté, en envoyant l'estomac de son fils au docteur Taylor.

Le docteur Taylor, agrégé à la Faculté de Londres et professeur de médecine légale à l'hôpital Guy, passe pour un des premiers chimistes de l'Angleterre.

Après avoir fait l'autopsie qu'on réclamait de lui, il envoya à M. Cook père la réponse suivante :

« Mort produite par le tétanos; tétanos produit par la strychnine. »

Le lendemain, le docteur William Palmer fut arrêté sous la prévention d'homicide volontaire.

D'autres faits s'élevaient en même temps à sa charge, qui se réunissaient pour accuser d'une manière plus formidable encore l'ami de John Parsons Cook.

Sur les 700 livres sterling que ce malheureux jeune homme avait rapportées de Shrewsbury, on n'en retrouva plus que 15. Le carnet même sur lequel il inscrivait ses paris, et qu'il avait laissé sur la cheminée de sa chambre, à l'hôtel des *Armes de Talbot*, avait disparu.

Quel était l'auteur de cette soustraction?

Palmer, alors qu'il se trouvait à Shrewsbury avec Cook, était sans argent : il s'était vu réduit à emprunter 25 livres.

Les soupçons devaient tout naturellement tomber sur lui.

Il fut d'ailleurs démontré que, le premier jour de la maladie de John Parsons, Palmer avait couru à Londres pour y faire escompter des billets signés Cook, et dont les signatures étaient fausses. Il était pourtant parvenu à se procurer ainsi plus de 1,000 livres sterling.

Empoisonneur et faussaire, il n'avait reculé devant rien!

Réflexion faite, on se demande comment Palmer n'avait pas pris la fuite, aussitôt qu'il avait appris l'envoi que M. Cook avait fait au docteur Taylor de l'estomac de son fils. C'était en effet la seule ressource qui restât encore à William Palmer pour échapper à une arrestation que chaque minute maintenant allait rendre de plus en plus imminente.

Un incident curieux qui prend ici sa place fera comprendre au lecteur comment Palmer pouvait alors se croire à l'abri de tout danger.

Le chimiste de Londres n'avait pas tout d'abord pénétré la cause de la mort de Cook. Après une première analyse demeurée sans résultat, il avait écrit à l'avocat de la partie civile qu'il n'avait rien pu découvrir.

Le percepteur de la poste de Rugeley, gagné par Palmer, avait décacheté la lettre, et en avait transmis le contenu au docteur, qui s'était empressé de reconnaître ce service par un cadeau de gibier.

L'adroit William avait de même, au moyen d'un billet de 50 livres sterling, acheté la bienveillance du coroner qu'il savait devoir être chargé de procéder à l'enquête judiciaire sur le cadavre.

Ainsi assuré de son premier juge, non moins sûr du rapport des experts, William avait cru pouvoir dormir sur les deux oreilles.

Hélas! il comptait sans le docteur Taylor!

Celui-ci eut la malencontreuse idée de se livrer à de nouvelles recherches. Et il paraît que, cette fois, l'analyse donna un résultat tel qu'il crut pouvoir définitivement asseoir son opinion.

D'un autre côté, le percepteur fit des aveux; le coroner lui-même fut trahi par le porteur du billet de 50 livres.

Quand une fois la chance s'y met, c'est la Providence que je devrais dire, tout se tourne contre le criminel; les précautions même, les plus ingénieuses et les mieux prises deviennent des témoins irrésistibles, des accusateurs muets, auxquels il est impossible de donner un démenti, et qui se liguent avec une inébranlable ténacité pour démontrer l'évidence du crime.

A partir de ce moment, la partie fut bien décidément perdue pour William Palmer.

A peine son arrestation était-elle exécutée, que le chef de police de Stafford obtint de sir G. Grey l'autorisation nécessaire pour faire exhumer le cadavre de madame Anne Palmer et de Walter Palmer.

On se rendit au caveau de la famille, et, en présence des magistrats, on procéda à l'extraction des deux cercueils.

Celui de la femme fut le premier ouvert. C'était un cercueil en bois qui avait laissé échapper les gaz délétères et qui, grâce à cela, n'exhalait aucune odeur.

Le corps de la morte était encore assez bien conservé : à ce point que les traits délicats de la jeune femme avaient conservé toute leur finesse.

De l'enquête il résulta que la mort de madame Palmer n'était la suite ni de la cholérine ni du typhus. Restait à savoir de quoi elle était morte. On enleva les intestins, on les plaça avec des précautions minutieuses dans des bocaux étiquetés, et on les envoya au docteur Taylor.

Puis on passa au second cercueil.

Nous renonçons à dire l'horreur qui saisit tous les assistants, au moment où l'on procéda à son ouverture.

C'était un cercueil en plomb, où tous les gaz s'étaient concentrés, ce qui avait rendu la décomposition plus rapide. Quelques jurés se trouvèrent mal; d'aucuns même restèrent indisposés pendant plusieurs jours durant.

Le rapport du docteur Taylor fut accablant pour William Palmer. Nous avons dit déjà quels poisons avaient causé la mort des trois victimes du chirurgien de Rugeley.

Le jury de la chambre des mises en accusation constata en outre que la somme des faux commis par Palmer à différentes reprises s'élevait à plus de 10,000 livres sterling.

Les soupçons dont nous avons parlé plus haut et qui n'attendaient qu'une occasion pour reparaître vinrent alors accuser Palmer avec plus de force que jamais. On assura que des tentatives d'empoisonnement avaient été commises par le docteur sur plusieurs personnes honorables de Londres, de Manchester, de Newcastle, de Nottingham et de Cambridge. William les invitait, prétendait-on, à passer quelques jours chez lui, lorsqu'il les savait munies de fortes sommes d'argent.

On fit plus. On alla jusqu'à rappeler un fait qui, deux années auparavant, avait vivement ému l'opinion publique en Angleterre. Il s'agissait de la mort subite de lord George Bentinck, fils du duc de Portland.

Tout le monde sait que lord George Bentinck était, à cette époque, un des membres les plus influents du parti conservateur à la Chambre des communes, et aussi l'un des gentlemen-riders les plus distingués de la Grande-Bretagne.

Lord George était allé aux courses de Duncaster. A son retour, il mourut subitement, sans qu'on pût pénétrer la cause de ce malheureux événement. Mais on prétendit qu'alors, comme il devait en être plus tard à la mort de John Parsons Cook, le carnet sur lequel le noble sportman inscrivait ses paris avait mystérieusement disparu. On ajouta même que lord George avait gagné à William Palmer une somme considérable.

Nous n'avons pas à nous occuper de ce qu'il y avait de fondé dans ce nouveau soupçon, l'accusation par suite de laquelle Palmer fut amené devant la cour d'assises de Londres impliquant seulement l'empoisonnement de John Parsons Cook.

Pourtant, avant d'aborder la partie pleine d'intérêt des débats, il nous paraît essentiel de donner au lecteur une idée des mœurs judiciaires de la Grande-Bretagne, mœurs si différentes des nôtres sous beaucoup de rapports.

VIII

COMMENT ON JUGE EN ANGLETERRE.

Loin de nous, lecteur, l'intention de vous faire ici un cours de droit; outre que nous n'en avons ni le temps ni le désir, il nous suffira, pour vous initier aux habitudes de nos voisins de la Grande-Bretagne et pour vous prévenir contre les étonnements scandalisés que pourrait faire naître en vous la lecture de ce procès, il nous suffira, nous le répétons, de quelques détails exposés en peu de mots.

Voici comment on procède généralement en Angleterre dans les affaires criminelles :

Dès que la chambre des mises en accusation a rendu son verdict l'inculpé, s'il y a lieu de poursuivre, est traduit devant la cour criminelle du comté où le crime s'est commis.

Conformément à la loi, William Palmer eût donc dû être amené devant le jury du Staffordshire. Mais, à l'occasion précisément de ce procès, destiné à faire époque dans les annales judiciaires des trois royaumes, le Parlement a voté une loi qui a permis à la Cour du banc de la reine de distraire l'accusé de ses juges naturels, pour cause de suspicion légitime, et, par suite, de le renvoyer devant un autre tribunal. En conséquence, la Cour criminelle de Londres a été mise en possession de l'affaire, et William Palmer a dû être transféré de la prison du comté de Stafford dans celle de Londres.

Bien qu'officiellement poursuivi pour trois assassinats, Palmer n'a eu à répondre devant le jury que de l'empoisonnement de John Parsons Cook. Cela vient de ce que la loi anglaise exige que les divers chefs d'accusation soient jugés séparément. Il résulte de cette disposition que, si Palmer s'était vu acquitter pour le crime commis sur John Cook, il eût été traduit devant un nouveau jury pour y purger le chef d'accusation relatif à l'empoisonnement de sa femme; un nouvel acquittement l'eût ensuite amené devant un autre jury chargé de juger le fratricide.

Inutile de faire remarquer que la première affaire, celle dont nous allons tout à l'heure suivre les débats, a été provoquée par le verdict d'un jury d'enquête, tandis que les deux autres n'ont été provoquées que par un mandat du coroner chargé d'une enquête ultérieure au décès de la femme et du frère de l'accusé.

Les jurés n'ont pas en Angleterre autant de liberté qu'en France. Dès qu'ils entrent en fonction, ils sont complètement séquestrés et gardés à vue. Toute communication avec le dehors leur est interdite : maison, famille, affaires, ils doivent tout oublier pour ne plus songer qu'à la loi, dont ils deviennent à la fois les ministres et les prisonniers.

Tout le temps qu'a duré le procès de Palmer, c'est-à-dire pendant douze jours, les membres du jury ont été logés au Café de Londres. Une grande pièce avait été préparée pour eux, dans laquelle se trouvaient seize lits. Lorsque, par hasard, quelque membre de leur famille était admis à les voir, ce n'était qu'en présence de l'un des officiers de la Cour. La chambre dans laquelle ils reposaient pendant la nuit était fermée à clef pour empêcher plus sûrement toute communication avec l'extérieur. Comme on le voit, l'expression que nous avons employée en qualifiant les jurés de *prisonniers de la loi* n'a rien de trop rigoureux.

Un exemple donnera une idée plus exacte encore de leur situation.

Pendant la détention que leur faisait subir l'affaire du docteur de Rugeley, l'accouchement de la femme d'un des membres du jury eut lieu. Le mari adressa une demande à lord Campbell, président des assises, pour qu'il lui permît d'aller voir sa femme en présence d'un officier de la Cour. Lord Campbell, après s'être préalablement assuré que la vie de la dame ne courait aucun danger, répondit qu'il croyait de son devoir de refuser la permission demandée, parceque, en accordant cette autorisation, l'équité lui commanderait d'accorder à tous les autres jurés la même faveur, pour qu'ils pussent aussi visiter leurs familles.

Les fonctions du président ne consistent pas, comme en France, à diriger les débats : il y assiste seulement. Ce n'est qu'au dénoûment qu'il intervient pour les résumer et les clore en jetant dans la balance le poids de son opinion.

Les formalités de la procédure anglaise font de ce résumé une lourde tâche, une nomenclature très-fatigante. Le président ne se borne pas à esquisser à grands traits les arguments de l'accusation et de la défense, sans prendre lui-même un parti, afin de rester fidèle à l'impartialité que la loi lui commande; il lui faut encore développer tout haut et tout au long sa propre opinion. Il la forme d'abord à l'aide des débats oraux qu'il résume d'après ses notes d'audience; puis il l'appuie sur les déclarations écrites des témoins, sur les procès-verbaux et sur tous les documents importants de l'information, dont il donne lecture au jury.

Le soin de diriger l'instruction d'une affaire est laissé tout entier aux parties intéressées, qui s'en acquittent à leur manière. C'est une des différences essentielles de la procédure anglaise avec la procédure française dans l'instruction criminelle.

On se rappelle qu'en effet, c'est le père de la victime de William Palmer qui a chargé certains médecins, entre autres le docteur Taylor, de procéder à l'autopsie du cadavre de Parsons Cook et de rechercher les traces de l'empoisonnement.

En France, l'accusation attache une haute importance à l'interrogatoire de l'accusé, et cet interrogatoire se trouve devenir son élément indispensable et souvent capital. Il n'en est pas de même chez nos voisins.

La loi anglaise ne veut pas qu'un accusé puisse faire des réponses contre lui-même; elle pense qu'il ne faut pas le placer dans cette situation délicate de mentir pour s'excuser ou de s'envoyer au supplice pour dire la vérité, et dédaigne les lumières suspectes qui pourraient lui venir de ce côté. C'est pour ce motif qu'elle n'interroge le prévenu à aucun moment de l'instruction.

Elle va plus loin. Elle pousse la loyauté jusqu'à le prémunir contre les indiscrétions qu'il pourrait lui-même commettre à son préjudice. Le constable commence par l'avertir que rien ne l'oblige à parler, mais qu'il sera pris note des paroles qui pourraient lui échapper. A-t-il quelque explication à donner, le magistrat prend soin de le prévenir qu'il doit apporter beaucoup d'attention à ne rien dire qui puisse être invoqué contre lui.

Par suite du même système protecteur de défense, les témoins n'ont pas toute liberté de parole, et tout ce qui n'a pas directement rapport à l'affaire est écarté avec le plus grand soin. Aussi, dans le procès Palmer, les témoins ne sont-ils interrogés que sur l'empoisonnement de John Parsons Cook, tandis qu'aucune question ne leur est faite à l'endroit d'Anne Palmer et de Walter Palmer.

Après qu'on a donné lecture au prévenu de l'*indictment* ou

acte d'accusation, on entend la cause. La stratégie des débats, dit l'auteur auquel nous empruntons une partie de ces détails, se règle à peu près comme un combat en champ clos. L'accusation produit ses témoins et les interroge ensuite. Puis, l'accusation formulée et les témoins entendus, vient le tour de la défense : celle-ci arrive avec l'escorte de ses témoins à elle. Mais elle reste libre, ou bien de plaider seulement sans faire entendre les témoins qui appuient sa plaidoirie, et dans ce cas elle parle la dernière; ou bien de plaider d'abord et de faire entendre les témoins à décharge ensuite, auquel cas c'est l'accusation qui a la réplique sans réciprocité pour la défense.

Il appartient à l'avocat de l'accusé de décider entre ce qu'il trouve le plus avantageux, ou de parler le dernier ou bien de faire entendre ses témoins, avec la perspective de les voir réfutés par l'accusation, sans possibilité de réponse.

Notre loi française est en cela plus sage, plus humaine que la loi anglaise. Aussi, le plus souvent, la défense, pour avoir le droit de porter à l'oreille du juge la dernière parole qui doit l'émouvoir, renonce-t-elle à faire entendre les témoins appelés par elle. C'est le contraire qui a lieu dans le procès Palmer.

Les débats, abandonnés, comme on voit, à deux courants contraires, sous la direction du président, pèchent forcément du côté de l'unité et de la rapidité de l'instruction; mais qu'importe, s'ils y gagnent du côté de l'impartialité des impressions et de la liberté de la défense?

Maintenant que nous avons mis le lecteur à même de s'intéresser aux débats qui vont suivre et de saisir la physionomie véritablement anglaise de ce remarquable procès, nous allons reprendre les faits à l'endroit où nous les avons laissés.

DEUXIÈME PARTIE.

LES ASSISES.

I

L'ACCUSATION.

La Cour du banc de la reine, d'après le nouveau bill du Parlement anglais l'autorisant à distraire William Palmer de ses juges naturels pour cause de suspicion légitime, avait, ainsi que nous l'avons dit, saisi de la connaissance de cette grande affaire la Cour centrale criminelle de Londres. L'accusé fut donc transféré du comté de Stafford dans la prison de Londres.

Le 14 mai 1856, les débats commencèrent à dix heures du matin.

La petite rue d'Old-Bailley, en prévision d'un encombrement que tout faisait considérer comme probable, avait dû être interdite aux voitures et aux curieux.

Les personnes munies de cartes étaient seules admises à passer, et beaucoup attendaient, longtemps avant l'heure de l'audience, que les portes de la salle fussent ouvertes.

Les environs de la Cour criminelle regorgeaient d'une foule remuante et curieuse, bien que les journaux eussent fait connaître qu'on ne pourrait pénétrer dans l'enceinte où se jugerait le procès que sur le vu d'une carte d'entrée signée des shérifs.

La salle d'audience est petite; deux cents personnes tout au plus peuvent y tenir. Son aspect est sombre et triste; une seule fenêtre, haute et large, l'éclaire d'un côté.

La cour se compose du chief-justice ou chef-juge d'Angleterre, lord Campbell (le lord chief-justice est le premier en dignité après le lord chancelier), chargé de présider les débats, et des juges Baron, Alderson et Creswel.

Derrière la Cour ont pris place plusieurs personnages des notables de la Grande-Bretagne, entre autres le comte Grey, le prince Edouard de Saxe-Weimar, le comte de Derby, le marquis d'Anglesey, les lords George et William Lennox, M. Walkley, coroner du West-Midlessex, M. Roundel Palmer, membre du Parlement, et plusieurs autres qu'il serait trop long de nommer.

Quelques magistrats en office se distinguent aussi parmi l'assistance : ce sont le lord-maire, les aldermen et shérifs Kennedy et Rose, les aldermen Cubett, membre du Parlement, Humphry, Sir William Carden, sir George Moon, Fennin, Wiren, Laurence, sir George Carroll, sir Harry Muggeridge, et le recorder.

Au siége de l'accusation sont assis sir Alexandre Cockburn, attorney-général, M. Edwin James, Queen's coroner, et MM. Welsley, Bobkin et Huddleston.

L'opinion avait donné pour avocats à l'accusé M. Wilkins, une des gloires du barreau anglais, et sir Francis Thesiger, l'ancien attorney-général sous lord Derby, le candidat des tories à la présidence de la Chambre des communes; mais ceux qui prennent place au banc de la défense sont MM. Serjeant Shee, membre du Parlement, Greve, Grey et Kencaly.

C'est M. Serjeant Shee qui doit porter la parole.

Entre le siége de l'accusation et le banc de la défense, est placé le lord avocat d'Ecosse.

On appelle d'abord le jury du jugement (petty jury).

A dix heures et demie, l'accusé Palmer est introduit.

Il est vêtu tout en noir. Son maintien est froid, réservé, digne; sa figure fraîche semble indiquer qu'il jouit d'une meilleure santé qu'à son entrée en prison. Il entre d'un pas ferme et salue la Cour en s'inclinant légèrement.

On lui donne connaissance de l'*indictment;* nous avons dit que cette désignation s'appliquait à l'acte d'accusation résultant de la déclaration du grand jury de Stafford. D'après cet acte d'accusation, William Palmer aura à répondre de deux empoisonnements, celui de John Parsons Cook d'abord, puis celui de lady Anne Palmer, si le premier chef est suivi d'acquittement.

Sur ce premier chef, Palmer répond d'une voix ferme qu'il entend plaider « Not guilty » (non coupable).

Sur le rôle d'audience, l'accusé est ainsi désigné : « William Palmer, 35 ans, médecin, éducation supérieure, renvoyé par la Cour du banc de la Reine, sous l'inculpation d'assassinat sur la personne de John Parsons Cook. »

Avant que M. l'attorney-général n'ait pris la parole, M. Serjeant Shee, avocat de l'accusé, fait un appel aux jurés, afin d'engager ceux d'entre eux qui pourraient se trouver liés par des rapports d'intérêt aux trois compagnies d'assurances que ce procès concerne, à ne pas siéger dans cette affaire.

Un des membres du jury, M. Mason, se lève et dit que les préventions qu'il a sur ce procès sont tellement fortes, que sa conscience lui commande de ne pas siéger. Autorisation d'agir en ce sens lui est aussitôt donnée par lord Campbell.

Après la prestation du serment faite par le jury, M. l'attorney-général prend la parole.

« Je viens, dit-il, remplir devant vous le devoir le plus solennel qui puisse incomber à un magistrat, un de ces devoirs d'où dépendent la vie ou la mort d'un citoyen : car l'homme qui est à cette barre est accusé des crimes les plus graves qu'aient à punir les lois de notre pays.

« Je me lève devant vous sans aucune préoccupation que celle de la justice, et je vous adjure de vous dégager, avant de juger, de toute idée préconçue qui pourrait exercer quelque influence sur votre décision. C'est d'après les débats que votre conviction doit se former, et c'est votre conviction qui doit dicter votre verdict. Si les débats vous apportent la preuve de la culpabilité de l'accusé, déclarez-le coupable ; mais si la preuve n'est pas complète, que Dieu vous garde de faire pencher contre l'accusé les balances de votre justice.

« Palmer exerçait la profession de médecin à Rugeley dans le Staffordshire ; mais s'étant adonné au jeu et aux dissipations du turf, il négligea sa profession et finit, il y a trois ans, par céder sa clientèle à un élève du nom de Turlby, aujourd'hui pharmacien à Rugeley.

« C'est dans sa fréquentation des courses qu'il fit la connaissance de John Parsons Cook, jeune homme appartenant à une famille honnête et qui s'était destiné à l'étude des lois. Il était entré avec cette intention chez un sollicitor (avocat); mais bientôt, ayant hérité de 12 ou 15,000 livres, il quitta l'étude, fréquenta le turf et acheta des chevaux de course.

« Quant à présent, c'est l'accusation du meurtre de Cook que Palmer doit purger. Il est accusé de l'avoir fait périr par le poison.

« Il ne restera aucun doute pour le jury, après avoir entendu les dépositions des témoins, qu'à l'époque où ces relations commencèrent, il y avait des embarras sérieux dans la situation financière de Palmer. En 1853, déjà Palmer était très-gêné ; sa situation s'aggrava en 1854, et il emprunta de l'argent sur un billet portant acceptation par sa mère, dame fort riche, de 2,000 livres sterling (50,000 francs).

« Le 29 septembre 1853, il fit assurer la vie de sa femme pour 13,000 livres (325,000 francs). Sa femme étant morte, et cette somme lui ayant été versée par la Compagnie, il paya 8,000 livres à un escompteur nommé Pratt, et 5,000 livres à une autre personne de Birmingham. Malgré cela, il avait encore des dettes, entre autres ce billet de 2,000 livres, supposé accepté par sa mère.

« L'accusé assura alors la vie de son frère également pour 13,000 livres, et la police fut remise à Pratt, qui consentit à escompter de nouveaux billets et à en renouveler à des taux ruineux. Palmer acheta aussi deux chevaux de course.

« En novembre dernier, l'accusé devait environ 11,500 livres. Le frère de Palmer est mort au mois d'août 1855 : Palmer réclama le prix de l'assurance, mais sur le refus de la Compagnie de payer cette somme, l'accusé ne fit aucune poursuite.

« L'insuccès de cette assurance faite par Palmer sur la vie de son frère l'amena à proposer à un sieur Bates d'être le sujet d'une assurance semblable, et il associa à l'opération Parsons Cook, à qui il présenta Bates comme un homme riche. Le 5 septembre, on voit ces trois personnes réunies à Rugeley. Bates n'était autre qu'un ancien serviteur de Palmer, un de ses palefreniers.

« A ces courses de Shrewsbury, Cook était propriétaire d'une jument appelée *Pole'star*, pour laquelle les paris étaient favorables et sur laquelle Cook comptait assez pour engager de forts paris. *Pole'star* triompha en effet, et le produit des paris, joint à quelque autre argent, mit Cook en possession d'une somme de 7 à 800 livres. Il célébra cette victoire en buvant un ou deux verres de champagne, et ce fut tout. Il était souffrant, recevait alors les soins d'un médecin nommé Savage, qui ne remarqua rien de particulier dans son état et lui conseilla un peu de repos. Il se coucha, revint aux courses le lendemain, et ce ne fut que la nuit suivante que se produisit un accident sur lequel je dois appeler l'attention du jury. »

II

L'INDICTMENT (*Suite*).

« Dans le même hôtel se trouvaient logés les sieurs Fisher et Herring. Fisher est une espèce de courtier de courses fort bien avec les sportmen, surtout avec Cook, qui l'invita à venir prendre dans sa chambre un verre de vin.

« Quand Fisher arriva, le verre de Cook était plein, et Cook demanda à Palmer de lui verser d'autre vin, ce que celui-ci refusa de faire tant qu'il n'aurait pas vidé son verre.

« Cook avala rapidement ce qu'il contenait et s'écria aussitôt : « Mais il y a quelque chose là-dedans ! Ça me brûle le gosier. »

Palmer acheva ce qui restait dans le verre et dit qu'il ne trouvait rien de particulier dans ce vin ; il engagea les personnes présentes à goûter après lui. On lui répondit : « Ce n'est pas la peine, puisque vous dites qu'il n'y a rien d'extraordinaire. »

« Cependant Cook fut malade ; son état devint plus grave, et il fut pris de vomissements. Palmer l'assista et lui fit prendre des drogues pour le soulager.

« Cook se sentait si mal qu'il remit à Fisher les 7 ou 800 livres qu'il avait sur lui. Voilà ce qu'avait Cook ; Palmer avait été réduit à emprunter 25 livres ; il était sans argent.

« Telle était leur position quand ils quittèrent Shrewsbury pour venir ensemble à Rugeley, où Cook descendit à l'hôtel des *Armes de Talbot*, qui est directement en face de la maison de Palmer. Il retomba malade après avoir bu un verre d'eau-de-vie et d'eau, et une femme nommée Brooks déclara avoir vu Palmer venir à l'hôtel un peu auparavant. Je ne prétends pas dire que ce verre d'eau-de-vie et d'eau soit la cause de la mort de Cook, mais je tiens à vous montrer que, pendant plusieurs jours, Cook a reçu de la main de Palmer tout ce qu'il a pris.

« Cook fut bientôt obligé de se mettre au lit. Cependant, le lendemain, il se leva, vint à table et au parloir ; il paraissait assez bien quand il se coucha vers dix heures du soir.

« Le lendemain matin, Palmer vint s'installer auprès de lui, et, depuis ce moment, il ne l'a guère quitté. Il fit apporter du café, qu'ils prirent ensemble. Bientôt les symptômes qui s'étaient manifestés à Shrewsbury reparurent.

« On fit venir le médecin Bamford, et Palmer lui dit que Cook était incommodé de vomissements de bile, qui étaient provoqués par des excès de boissons, et notamment de champagne, bien qu'il soit établi que Cook n'en avait bu qu'un ou deux verres.

« Le jour suivant, Palmer revint encore et ne quitta pas la chambre du malade.

« On a su qu'il s'était procuré, le lendemain de son arrivée à Rugeley, trois grammes de strychnine, que lui livra un sieur Newton, qui n'attacha pas une grande importance à cette demande faite par un médecin.

« M. Bamford avait prescrit des pilules. Or, Palmer n'a pas quitté la chambre de Cook, et le jury aura à rechercher si le malade a pris les pilules prescrites par Bamford, ou s'il a pris des préparations substituées par Palmer.

« Palmer se retira vers dix heures ; mais, vers minuit, les domestiques de l'hôtel furent effrayés par les cris qui partaient de la chambre de Cook. Ils se précipitèrent dans cette chambre et trouvèrent Cook dans un état d'agonie sérieuse criant « à l'assassin ! » et demandant à Dieu de sauver son âme. Il avait des convulsions; ses mains et ses membres étaient crispés; mais ses idées étaient lucides; et il insista pour qu'on fît venir Palmer immédiatement.

« Celui-ci arriva en effet; Cook était dans le même état convulsif, les yeux sortaient de leurs orbites et il ne respirait qu'avec les plus grands efforts. Quand il vit Palmer, il s'écria : « Ah ! je me meurs ! — Non, dit Palmer; vous allez aller mieux ! » et il lui fit prendre quelque chose qui avait l'odeur de l'opium.

« Les vomissements reparurent, et l'examen qu'on fit des matières ne décela pas la présence des pilules qu'avait dû prendre Cook. Le malade parut avoir recouvré le calme, et les médecins que vous entendrez vous diront que c'est l'effet ordinaire que produit la strychnine. Cook s'endormit, et Palmer, ayant rencontré M. Bamford, lui dit que le malade désirait n'être pas dérangé.

« Le lendemain matin, entre onze heures et demie et midi, il se produisit un autre incident qui mérite toute l'attention du jury. Vers sept heures, Palmer se rendit chez M. Hawkins, droguiste à Rugeley, avec qui il n'avait pas eu de rapports depuis plus de deux années. Il vint donc chez lui, lui présenta une petite fiole et lui demanda de l'acide prussique. Pendant qu'on le servait, M. Newton, celui-là même qui avait fourni à Palmer de la strychnine, entre chez M. Hawkins. Aussitôt l'accusé le saisit par le bras et lui dit qu'il avait quelque chose à lui communiquer; ils sortirent ensemble, et Palmer ne l'entretint que de choses insignifiantes. Un ami de Newton vint à passer et l'emmena avec lui. Palmer rentra chez Hawkins, donna une autre bouteille, dans laquelle il fit mettre de la strychnine, et de l'opium dans une autre; il paya le tout et partit.

« Newton revint alors, et, par curiosité, il demanda quelles étaient les drogues que Palmer avait achetées, et on lui indiqua celles que nous venons de rappeler.

« Nous sommes arrivés au 20 novembre, au jour de la mort de Cook. Le matin, il paraissait un peu remis, quoiqu'il portât les traces des douleurs qu'il avait éprouvées la veille. Palmer revint près de lui; il lui fit prendre du café et un bouillon, et les vomissements recommencèrent et durèrent toute l'après-midi.

« Ici va apparaître un nouveau personnage, M. Jones, médecin et ami de Cook, demeurant à Lutterworth. Palmer lui écrivit de venir voir son ami, et il y a ceci de remarquable qu'il représentait Cook comme atteint de vomissements de bile et de diarrhée, ajoutant : « Il est urgent, dans votre intérêt, que vous veniez le voir aussitôt que possible. »

« M. Jones arriva vers trois heures, et il examina avec Palmer l'état de son ami malade. L'attention de Jones se porta surtout sur la langue, et il fit remarquer à Palmer qu'elle n'indiquait pas une affection bilieuse.

« Le soir, il y eut consultation entre eux et le docteur Bamford, et, au moment où les trois docteurs s'éloignaient du lit pour se concerter, Cook dit à Palmer : « Surtout, je vous en prie, plus de vos pilules, ni de vos médecines pour cette nuit! » Dans la délibération qui eut lieu, Palmer insista pour la continuation des pilules, en ajoutant : « Nous ne lui dirons pas ce qu'elles contiennent, afin de ne pas renouveler les craintes qu'il a en pensant à celles qu'il a déjà prises. » Il fut convenu que M. Bamford les composerait, et qu'elles seraient semblables aux précédentes, ce qu'il fit en effet en se rendant de suite à sa pharmacie.

« Palmer, qui l'avait suivi, rapporta ces préparations, revint près de Cook et lui fit prendre les pilules ou autre chose : c'est là qu'est le procès.

« On remarquera, sur ce point, qu'il s'est écoulé trois quarts d'heure ou une heure entre le moment où Palmer a quitté l'officine de Bamford et celui où il a fait prendre des drogues à Cook, ce qui eut lieu en présence de M. Jones.

« L'accusé avait exigé que M. Bamford écrivît sur le paquet la manière dont il fallait prendre les pilules, ce qui était inutile, et il mit une certaine affectation à montrer cette mention à M. Jones, en faisant remarquer que l'écriture était bien nette et bien ferme pour émaner d'un vieillard de près de quatre-vingts ans.

« Si Palmer est coupable, il est évident qu'il n'a fait cette remarque que pour se ménager les moyens d'établir l'identité des pilules par lui administrées avec celles que Bamford avait composées; c'est un moyen préparé pour écarter tout soupçon.

« Toutefois, quand Palmer offrit ces pilules à Cook, celui-ci se récria, refusa de les prendre et objecta qu'elles l'avaient rendu malade le soir précédent. Palmer insista, et le malade finit par les avaler. »

III

L'INDICTMENT (*Suite*).

« M. Jones alla souper et revint se coucher dans la chambre de Cook. Il n'était pas dans son lit depuis vingt minutes, que le malade poussa un cri effrayant, se dressa sur son lit en s'écriant : « Le docteur ! tout de suite, le docteur! Je suis malade comme la nuit dernière ! »

« Une fille de l'hôtel se précipita hors de la maison et, traversant la rue, sonna vivement à la porte de Palmer, qui parut instantanément à sa fenêtre, et, deux minutes après, il était auprès du lit du malade et faisait cette singulière observation : « Je ne me suis jamais habillé si vite de toute ma vie! ». Vous aurez à examiner, messieurs, s'il avait même besoin de s'habiller.

« Dès qu'il entra, Cook lui demanda de lui donner ce qui, la veille au soir, l'avait soulagé. « Je redescends, et je vais en chercher, » dit Palmer, et il quitta la chambre.

« Dans le couloir, il rencontra deux domestiques qui lui dirent que Cook paraissait bien malade, aussi malade que la veille. « Il n'est pas la cinquantième fois aussi malade que l'autre nuit, répliqua Palmer; c'est un jeu qu'il joue tous les soirs. »

« Deux minutes plus tard, il revint avec deux pilules qu'il dit à M. Jones être de l'ammoniaque, quoique je sois assuré qu'il faut plus de temps pour préparer de semblables pilules, dans lesquelles cette substance entre difficilement. Cook avala les deux pilules et les rendit presque immédiatement.

« Ici se place la scène suprême et terrible de la mort de Cook. Il fut pris de violentes convulsions, son corps se raidit peu à peu, et la suffocation commença. Son agonie fut douloureuse, et il faisait des efforts pour se relever. Les assistants voulurent l'aider à se mettre sur son séant, mais ils ne purent y réussir. Son corps était raide comme une barre de fer, et il ne pouvait plus bouger. « Retournez-moi ! » disait-il. Et on le retourna sur le côté droit. Il voulait respirer et n'y pouvait réussir. Les assistants observaient un silence plein d'anxiété. Cook poussa un soupir : c'était le dernier souffle de vie qui s'exhalait. M. Jones se pencha sur lui pour écouter si le cœur battait encore... mais le pouls s'était éteint graduellement... tout était fini... Cook était mort!

Ces dernières paroles produisent un tel effet sur tout l'auditoire, que M. l'attorney-général est forcé de s'interrompre. Au bout d'une ou deux minutes, il reprend la parole :

« Cook avait à peine rendu le dernier soupir, que Palmer songeait déjà à exécuter ce qu'il avait projeté. Deux femmes de l'hôtel, étant entrées dans la chambre, surprennent Palmer fouillant dans les poches d'un vêtement qui ne peut avoir appartenu qu'à Cook, et bouleversant les matelas et les oreillers. Ces femmes virent sur la cheminée des papiers, des lettres qui avaient été extraits des poches du défunt, et, ce qui est très-remarquable, depuis ce jour jusqu'à aujourd'hui, on n'a rien retrouvé en papiers et en lettres qui puisse jeter du jour sur la position pécuniaire de Cook.

« Les démarches de l'accusé furent ensuite extrêmement compliquées et en même temps fort suspectes. Il paya des sommes importantes; il donna des indications contradictoires sur la mort de son ami; il voulut qu'il fût enseveli à Rugeley; il commanda de son autorité privée une bière.

« Plus tard, au moment de l'enquête sur le cadavre, il laissa échapper des paroles gravement compromettantes pour lui-même. Le résultat, d'après toutes les apparences extérieures, était que Cook était mort empoisonné par la strychnine. Le cerveau était parfaitement sain, bien qu'il fût déclaré par le docteur Bamford qu'il y avait eu congestion cérébrale. L'estomac et les intestins étaient également sains, et, à ce moment de l'enquête, Palmer disait à Bamford : « Ils ne nous pendront pas encore. » Une partie de ces intestins avait été mise dans une terrine; on ne les retrouve que plus tard avec une fracture au couvercle; et, quand on parle de les serrer, Palmer dit encore : « Je pense que nous ne devrions pas laisser emporter cela, car il pourrait entrer quelque chose dedans. »

« Enfin, apprenant que l'on va décidément emporter cette terrine, Palmer dit au valet d'écurie de la poste : « Ne pouvez-vous les faire verser et casser la terrine? » Le valet refusant, Palmer insiste et lui dit qu'il arrangera tout. Les intestins cependant sont transportés à Londres, et Palmer s'arrange pour savoir, par l'intermédiaire du directeur des postes de Rugeley, le résultat des opérations scientifiques faites dans cette ville.

« Voilà, messieurs, dans tous leurs détails, les faits de la cause que vous êtes appelés à juger. La défense de l'accusé William Palmer va vous être présentée par l'un des hommes les plus considérables du barreau de Londres, par un des premiers avocats de l'Angleterre. Si les témoignages que l'accusation produira ne peuvent vous convaincre, messieurs les jurés, de la culpabilité de l'accusé, vous devrez l'acquitter; mais si, d'un autre côté, l'accusation vous paraît prouvée, la culpabilité de l'accusé bien établie, alors, en vertu de votre devoir vis à vis de la société, je vous demande et vous devez prononcer un verdict de condamnation. »

Après ce réquisitoire développé par M. l'attorney-général dans un discours qui n'a pas duré moins de cinq heures, lord Campbell annonce que la séance est suspendue pour quelques instants.

A quatre heures et demie seulement, l'audience est reprise.

On procède à l'audition des témoins.

Cinq audiences successives sont consacrées à l'examen de ces dépositions, plus ou moins importantes. Nous nous contenterons de rapporter celles qui ont révélé quelques faits nouveaux, quelques particularités curieuses, ou fourni quelque incident à la marche des débats de cette étrange affaire.

IV

ON ENTEND LES TÉMOINS.

Le premier témoin qui s'avance pour déposer à la barre du tribunal est le nommé Fisher. Il rend compte, à peu près dans les mêmes termes que nous l'avons vu plus haut, de la scène qui s'est passée à Shrewsbury, dans la chambre de John Parsons Cook.

Un autre témoin, Thomas Jones, qu'il ne faut pas confondre avec le médecin de Lutterworth, confirme de point en point cette déposition.

Un nouveau détail prend place dans la bouche d'un nommé George Read.

Selon lui, au moment où Cook se plaignait de l'amertume de la boisson qu'il venait d'avaler, Palmer se serait écrié : « — Est-ce que vous croyez qu'on a mis quelque chose dans votre verre? » A quoi George Read aurait répondu, avant que Cook n'eût encore ouvert la bouche : « — Ce n'est pas l'usage d'offrir un verre rempli à l'avance. »

Le docteur Gilson déclare que, le lendemain, Cook lui ayant dit qu'il se sentait malade, il lui prescrivit diverses pilules et lui fit boire de l'eau chaude en quantité assez considérable. Dans sa pensée, le jeune homme avait pris du poison, et il le traitait en conséquence.

Vient ensuite une déposition plus importante que toutes les précédentes, celle d'Élisabeth Mills.

Domestique depuis deux années à l'hôtel des *Armes de Talbot*, elle y a vu venir fréquemment l'accusé.

— « Deux fois, dit-elle, M. John Cook a pris du bouillon qui n'avait pas été fait à l'hôtel; il avait été envoyé du dehors par Palmer. C'est moi qui, la seconde fois, portai le bouillon au malade. En le montant à sa chambre, j'eus la curiosité d'y goûter, et j'en bus à peu près la valeur de deux cuillerées, et, une demi-heure après, je fus malade et prise de vomissements qui durèrent toute l'après-midi et m'obligèrent à prendre le lit.

« Lors du dernier accès qu'éprouva Cook, j'allai chercher le docteur Palmer et, quand il arriva, le malade lui ayant dit : « Ah! docteur, je suis bien malade! — Eh, non, mon garçon, répondit Palmer; ça va aller mieux. » Et il lui donna à prendre une drogue noire dans une cuillerée à thé, ce qui provoqua immédiatement des vomissements.

« J'ai assisté aux derniers moments de ce pauvre M. Cook, et je ne pouvais croire à sa mort. J'ai vu M. Jones mettre son oreille sur le corps de son ami, puis lever les mains au ciel. Alors je suis descendue.

« Dix minutes après, l'accusé me fit demander; je remontai dans la chambre : il était seul et en train de fouiller dans les poches du défunt et de chercher sous les matelas et sous l'oreiller. « — Ce n'est pas possible, lui dis-je alors, que M. Cook soit mort? — Il est mort! » répondit le docteur, et aussitôt après il me demanda de lui procurer quelqu'un pour enlever le corps. Je lui indiquai deux femmes qu'il envoya chercher.

« Quand il eut quitté la chambre, je fis des recherches pour retrouver un livre et des lettres que j'avais vus sur la table et la cheminée avant la mort de M. Cook; mais il me fut impossible de rien découvrir. »

Cette déposition terminée, le défenseur de William Palmer, M. Serjeant Shee, annonce qu'il va faire subir au témoin l'épreuve du contre-examen (*cross examination*).

L'heure avancée ne le permettant pas, le *cross examination* est renvoyé au lendemain.

Lord Campbell lève la séance.

Suivant l'usage ordinaire, le jury est conduit au Café de Londres, où des logements ont été disposés pour le recevoir. C'est là qu'il restera, sous la garde des officiers de la Cour, jusqu'à ce que le verdict soit rendu.

***

Le lendemain, 15 mai, voit s'ouvrir la seconde audience de cet important procès. Un nombre de curieux plus considérable encore qu'à la première audience se presse devant les portes et pénètre dans la salle.

On reprend l'affaire au point où elle en est restée la veille. Elisabeth Mills est rappelée pour subir l'épreuve du contre-examen de la défense.

M. Serjeant Shee essaie de relever des contradictions entre les paroles prononcées à l'audience par Elisabeth et celles qui ont été enregistrées par M. Ward, le coroner du Staffordshire.

La jeune domestique répond avec une grande présence d'esprit à toutes les objections. Elle fait observer que ce qu'elle a dit a pu être mal écrit ou mal rendu, et altéré même par celui qui a écrit ses déclarations.

— Il serait peut-être utile, dit alors le baron Alderson, de saisir cette occasion pour montrer au jury de quelle manière le coroner a rendu la déposition de ce témoin.

— Je suis en mesure, répond M. l'attorney-général, de montrer à la cour et au jury que, pendant toute la durée de l'enquête, des remontrances réitérées ont été adressées au coroner sur son refus de poser aux témoins les questions les plus importantes, et sur le parti pris avec lequel il écartait des dépositions certains faits qui allaient directement au cœur de l'affaire.

Le sollicitor institué par les amis de feue mistress Anne Palmer, M. John Gardener, déclare avoir souvent eu à se plaindre du mauvais vouloir qu'il a rencontré chez M. Ward.

La patronne de l'hôtel des *Armes de Talbot*, mistress Anne Brookes, rend compte de ce qui s'est passé chez elle à Shrewsbury. Nous ne rapporterons pas ces faits déjà connus par les dépositions précédentes.

Lavinia Barnes, employée à l'hôtel des *Armes de Talbot*, vient confirmer, sur des points qui la concernent personnellement, la déposition d'Elisabeth Mills.

La fille Anne Rowley déclare qu'elle est souvent employée dans la maison Palmer.

— Le samedi qui a précédé la mort de M. Parsons Cook, le docteur Palmer m'envoya, dit-elle, chercher du bouillon à l'hôtel d'Albion. Je le fis chauffer ; M. Palmer le mit ensuite dans un vase, et il m'ordonna de le porter aux *Armes de Talbot* pour M. Cook. J'ai remis le bouillon à Lavinia Barnes.

— Combien de temps, demanda lord Campbell, ce bouillon est-il resté dans la cuisine de Palmer?

— Il est resté à peu près cinq minutes sur le feu.

Charles Horley, jardinier à Rugeley, déclare que le dimanche qui a précédé la mort de M. Cook, Palmer l'a envoyé porter du bouillon à l'hôtel des *Armes de Talbot* pour son ami, John Cook.

Une autre domestique de cet hôtel, Sarah Bond, déclare que, le lundi avant la mort de Cook, elle demanda au docteur Palmer comment allait son ami, et qu'il lui répondit : « Il va très-bien. » Palmer lui demanda du café pour Cook, et elle lui en remit. Palmer lui dit alors qu'il allait partir pour Londres, et qu'il avait écrit à M. Jones pour qu'il vînt soigner Cook.

On appelle alors le médecin de Lutterworth, William Harry Jones, qui dépose ainsi :

— En novembre dernier, j'accompagnai Cook, avec qui j'étais intimement lié, aux courses de Shrewsbury, et, le jeudi 13, nous fêtâmes ensemble, en dînant à l'hôtel du *Corbeau*, le triomphe de *Pole'star*. Nous bûmes un peu de vin de Champagne en l'honneur du cheval vainqueur ; mais nous nous retirâmes de bonne heure, entre huit et neuf heures. En se rendant au chemin de fer pour rentrer à Rugeley, Parsons Cook fit le calcul de ce que la course lui avait fait gagner.

Le témoin est interrompu par le défenseur de l'accusé, la défense s'opposant à ce que M. Jones entre dans aucun détail à ce sujet.

Nous avons déjà dit qu'en Angleterre les témoins n'ont pas toute liberté de parole, et que tout ce qui n'a pas un rapport bien direct avec les faits de la prévention est soigneusement écarté.

M. Jones continue sa déposition :

— Je quittai Cook, dit-il, vers dix heures, et mon ami ne me parut nullement indisposé. Je repartis alors pour Lutterworth, et, le lundi suivant, je recevais de William Palmer une lettre conçue en ces termes :

« Rugeley, 16 novembre 1856.

« Mon cher Monsieur,

« M. Cook est tombé malade à Shrewsbury, et il a été obligé « de réclamer l'assistance d'un médecin. Depuis lors, il a été « retenu au lit par une attaque sérieuse de bile, accompagnée « de diarrhée. Il serait désirable que, dans votre intérêt « comme dans le sien, vous vinssiez le voir aussitôt que « possible.

« Je suis, mon cher Monsieur, etc.

Signé : « W. PALMER. »

— Le jour où je reçus cette lettre, continue M. Jones, j'étais indisposé, et, en conséquence, je ne pus me rendre à Rugeley. Le lendemain seulement, je me mis en route.

« Il était trois heures lorsque j'arrivai à l'hôtel des *Armes de Talbot*. Je m'approchai du malade, et, après l'avoir examiné avec beaucoup d'attention, je fis la remarque que rien dans son état n'indiquait une affection bilieuse.

« Palmer se trouvait présent ; il se retourna vers moi et me répondit : « Ah! si vous l'aviez vu plus tôt! »

« Vers sept heures du soir, le docteur Bamfort arriva, et, pendant la délibération qui eut lieu entre nous, Palmer émit l'avis que M. Bamford préparât quelques pilules renfermant une légère dose de morphine. En même temps, il me pria de ne pas faire connaître à Cook la composition de ces pilules.

« Pendant la soirée, le malade fut très-bien : il ne vomissait plus, et les intestins paraissaient avoir repris leur état normal. »

Lord Campbell s'adresse au témoin.

— M. Cook, demande le président, portait-il alors les traces des crises antérieures?

— Aucune, répond M. Jones.

Et il continue :

— Vers huit heures, j'accompagnai Palmer jusque chez lui, et je ne le revis que tard, vers onze heures du soir, dans la chambre de Cook. Il apportait avec lui une boîte renfermant des pilules qu'il voulut faire prendre à Cook ; mais ce dernier fit des difficultés, disant que la veille, après en avoir pris de semblables, il avait été excessivement malade. Palmer insista alors d'une manière très-vive, si bien que Cook finit par céder et prit les pilules qu'on lui présentait.

« Presque aussitôt les vomissements eurent lieu. Cependant, après avoir vomi, le malade parut éprouver un peu de mieux. Il put même quitter sa chambre et descendre à la salle à manger pour assister à mon souper.

« A minuit environ, nous remontâmes ensemble dans sa chambre. C'était une chambre à deux lits, et l'un des deux avait été dressé pour moi, afin que je fusse plus à portée de donner à mon ami les soins que pourrait, d'un moment à l'autre, nécessiter sa position. »

V.

LES TÉMOIGNAGES (*suite*).

« Nous étions couchés depuis dix minutes, continue M. Jones, lorsque Cook s'écria tout à coup en se dressant brusquement sur son lit : « Docteur, levez-vous ; je suis bien malade ! Sonnez et envoyez chercher Palmer ! »

« J'envoyai de suite chez Palmer, et il arriva au bout de quelques minutes. « Il ne m'est jamais arrivé de m'habiller aussi vite ! » s'écria-t-il en entrant.

« Il fit prendre au malade deux pilules qu'il me dit renfermer de l'ammoniaque. A peine Cook les eut-il prises qu'il se renversa sur son lit, en proie à de violentes convulsions et poussant des cris effrayants. « Relevez-moi, nous dit-il, je suffoque. »

« C'était l'agonie qui commençait.

« Les convulsions durèrent environ huit ou dix minutes ; elles affectaient tout le système musculaire et raidissaient les membres. Telle était la rigidité de ces derniers, qu'ayant voulu, avec l'aide de Palmer, redresser le malade, nous n'y pûmes parvenir. Lorsqu'il vit qu'on ne pouvait le relever, il nous pria de le tourner sur le côté, et nous le mîmes sur le côté droit. Je cherchai à saisir les battements du cœur, et trouvai qu'ils allaient s'affaiblissant graduellement ; je dis à Palmer de lui faire respirer des sels, de l'ammoniaque, comme stimulant.

« Au bout de quelques instants, le malheureux Cook rendait le dernier soupir.

« Il est mort par l'effet du tétanos, affection spasmodique des muscles, qui amène la mort en arrêtant les mouvements du cœur et en produisant la suffocation par la contraction des muscles respiratoires. Au moment où il se renversa dans son lit, ses mains devinrent crochues, et telles elles étaient alors, telles elles sont restées après sa mort. Son corps était arqué à ce point que, placé le dos en l'air, il aurait pu se soutenir sur les pieds et sur la tête. »

Ces détails techniques sur l'agonie du malade produisent une grande sensation dans l'auditoire. Le témoin reprend après avoir laissé se calmer cette impression :

« Lorsque je vis que c'en était fait de mon malheureux ami, je descendis auprès de la maîtresse d'hôtel, avec qui je m'entretins au sujet des soins à donner au corps de Cook. On me fit remarquer qu'étant le plus intime parmi ses amis, c'était pour moi un devoir de me charger de la conservation de ce qu'il pouvait avoir avec lui. Je remontai immédiatement dans la chambre du défunt, et j'y trouvai Palmer qui tenait dans ses mains l'habit de Cook. Je pris une montre en or et une bourse qui renfermait cinq souverains et cinq shillings ; mais je ne trouvai aucuns papiers.

— Palmer, demande lord Campbell, n'a-t-il pas parlé de ses affaires avec Cook.

— Oui, et voici ce qu'il me dit : « La mort de Cook est « pour moi une bien triste affaire ; je vais me trouver res« ponsable de 3 ou 4,000 livres. Mais j'espère que ses amis « ne me laisseront pas supporter cette perte ; s'ils ne me « viennent pas en aide, tous mes chevaux de course seront « saisis. »

— Vous n'avez pas retrouvé le carnet des courses ?

— Je n'ai pas retrouvé ce carnet.

— Avez-vous fait quelques observations à ce sujet ?

— Je n'ai rien dit.

— Palmer a-t-il pu remarquer que vous faisiez des recherches pour trouver ce carnet ?

— Oh ! bien certainement.

— Sur quoi fondez-vous cette pensée ?

— Quand j'ai dit tout haut : Qu'est donc devenu le cahier des courses ? Palmer a répondu tout aussitôt : « Oh ! il ne « peut être utile à personne. »

— Etes-vous bien sûr que l'accusé ait fait cette réponse ?

— J'en suis parfaitement sûr.

Lord Campbell autorise le témoin à se retirer.

On entend le docteur Savage, médecin ordinaire de Cook ; mais sa déposition n'offre que peu d'intérêt.

Après lui, s'avance à la barre M. Newton, élève de M. Salt, droguiste, lequel a vendu trois grains de strychnine à Palmer. Il confirme de point en point les faits énoncés par M. l'attorney-général dans son réquisitoire.

Après ce témoignage, lord Campbell lève l'audience et invite un des huissiers de la cour à reconduire les membres du jury au Café de Londres.

***

A mesure que les débats avancent, l'intérêt que le public porte à cette affaire semble s'accroître en proportion. Les abords de la Cour criminelle sont littéralement assiégés par une foule curieuse et avide de détails.

L'audience du 16 mai, comme quelques-unes des suivantes, présente un caractère presque exclusivement scientifique. Il s'y produit quelques discussions sur les effets qui peuvent résulter des substances toxiques.

Comme l'abondance des détails techniques pourrait à la longue fatiguer le lecteur, nous nous bornerons à ne donner que les plus importantes. Telle était l'aridité de cette séance, telle était la fatigue qu'elle produisait sur les jurés, que lord Campbell a dû, pour laisser reposer leur attention, suspendre l'audience à plusieurs reprises.

On a d'abord entendu quelques témoins sur les faits relatifs aux opérations d'argent qui ont eu lieu entre Palmer et Cook.

Puis, après avoir épuisé les témoignages concernant l'achat de médicaments fait par l'accusé, on passe aux dépositions relatives à l'instruction préparatoire qui a suivi la mort de Cook, et que les Anglais appellent *examination post mortem*.

Après le décès du jeune sportman, on avait appelé pour cette opération un médecin de Stafford, M. John Hailand. C'est lui qui s'avance à la barre.

— Au moment, déclare ce témoin, où je me dirigeais vers l'entrée de l'hôtel des *Armes de Talbot*, où se trouvait le cadavre de M. Cook, je rencontrai Palmer au milieu de la rue.

« Il s'avança vers moi.

« — Je suis bien aise, me dit-il, que ce soit vous qu'on ait fait appeler ; on aurait pu faire venir quelqu'un que je n'aurais pas connu. — De quoi s'agit-il donc ? demandai-je. Il paraît qu'il y a des soupçons d'empoisonnement ? — Oh ! me répondit-il, n'en croyez rien ! Cook a eu des attaques d'épilepsie lundi et mardi derniers, et vous constaterez des désordres et des lésions dans le cœur et dans la tête. »

« Quand les intestins et les liquides de l'estomac eurent été extraits du corps, ils furent soigneusement mis à part et enfermés dans une petite jarre que MM. Devonshire et Newton placèrent à quelque distance du cadavre. Ce sont ces deux messieurs seuls qui avaient opéré. A ce moment, le docteur Palmer était à la droite de Newton, et, pendant que M. Devonshire procédait à l'ouverture de l'estomac, une poussée donnée par Palmer jeta M. Newton contre M. Devonshire et occasionna le transvasement d'une partie des liquides de l'estomac dans le corps du défunt.

« A la suite de cet incident, l'ouverture de l'estomac fut continuée. Il contenait environ trois onces d'un liquide brun, sans autre chose de particulier. Palmer l'examina; puis, se retournant du côté du docteur Bamford, qui était présent, il dit tout haut en riant : « Il n'y a pas là de quoi nous faire pendre. » Pendant ce temps, l'estomac fut placé dans une jarre, et le tout fut ficelé, recouvert et scellé par nous.

« Cette opération terminée, je plaçai moi-même la jarre ainsi scellée sur la table, près du corps. Palmer allait et venait dans la chambre où nous étions. Mon regard étant par hasard tombé tout à coup sur la table, je m'aperçus que la jarre avait disparu de l'endroit où je l'avais placée. Je demandai de suite : « Où est la jarre ? — Elle est ici, me répondit Palmer de l'autre extrémité de la salle; j'ai cru bien faire en ne la laissant pas près de vous. — Voulez-vous, lui dis-je, avoir la complaisance de la rapporter ici ? » Ce qu'il s'empressa de faire.

« Depuis le moment où je l'avais perdue de vue, la jarre avait reçu un coup, duquel il était résulté une fissure audessous des bandes des scellés. Cette fissure avait à peu près un pouce de longueur, et il était évident qu'elle avait été faite au moyen d'un instrument piquant. Heureusement aucune partie du contenu de la jarre n'avait encore pu s'écouler par là. Cependant je demandai : « Qui a fait cette fuite? » MM. Devonshire, Newton et Palmer répondirent chacun à son tour que ce n'était pas lui, et il n'en fut plus question. »

Le témoin se retire à ces mots et est remplacé à la barre par M. John Boxcott.

Celui-ci déclare qu'il est clerc de MM. Landor et Gardner, attorneys à Rugeley; que, le 26 novembre, il reçut un vase en grès recouvert de cuir et de papier gris et cacheté; qu'il porta ce vase à Londres, où il le remit au docteur Taylor. Enfin, il ajoute que, le lendemain, il reçut un second vase semblable, et qu'il le porta de même au docteur Taylor.

James Myatt, postillon à l'hôtel des *Armes de Talbot*, dépose en ces termes :

— Le lundi, 26 novembre, dit ce témoin, j'avais reçu l'ordre de conduire à la station du chemin de fer de Stafford le beau-père de Cook, M. Stevens. M. Palmer vint me trouver et me dit : « — Je suppose que vous devez emporter la jarre avec M. Stevens? — C'est vrai, répondis-je. — Ne pourriez-vous pas les verser? me demanda-t-il alors. Si vous vouliez faire cela, il y aurait un billet de 10 livres (250 fr.) pour vous. » Naturellement je refusai. »

Lord Campbell fait appeler l'ancien maître de poste de Rugeley, Samuel Cheshire.

C'est ce témoin qui a été condamné à deux ans d'emprisonnement pour avoir décacheté une lettre confiée à la poste, lettre relative à l'affaire et dont il a donné connaissance à l'accusé.

« Je connaissais beaucoup Palmer, déclare Samuel Cheshire : nous avons été camarades d'étude. Le 20 novembre, Palmer me fit dire de passer chez lui et me demanda de lui faire un billet, qu'il devait faire signer à M. Parsons Cook. Ce dernier, me disait-il, était trop malade pour l'écrire luimême. J'écrivis le billet et le laissai à William. Il était, autant que je puis me rappeler, ainsi conçu :

« Payez à M. William Palmer la somme de 8,750 francs, que vous porterez à mon compte. »

« Après la mort de M. Cook, tandis que les enquêtes se poursuivaient à Rugeley, Palmer vint souvent au bureau de poste. La lettre pour laquelle je subis un châtiment était du docteur Alfred Taylor, de Londres, et l'adresse portait : « A M. Gardner, sollicitor à Rugeley. » Je lus cette lettre et dis à Palmer qu'elle mentionnait qu'aucune trace de strychnine n'avait été retrouvée. Il me répondit qu'il ne pouvait en effet y avoir aucune trace de poison, attendu qu'il était complétement innocent du crime dont on l'accusait. »

VI

LES TÉMOIGNAGES (*suite*).

Après la déposition de Samuel Cheshire, le greffier de la Cour donne lecture de la lettre suivante, adressée par l'accusé à M. Ward, coroner chargé de l'enquête.

Cette lettre vient d'être déposée par le chef constable supérieur de Stafford. Elle s'exprime ainsi :

« Mon cher monsieur,

« J'ai l'ennui de vous apprendre que je suis toujours retenu au lit.

« Je ne pense pas qu'on ait signalé à l'enquête que Cook « ait été malade les dimanche et lundi soir, comme il l'avait « été mardi soir au moment de sa mort. La femme de « chambre de l'hôtel de *la Couronne* (elle se nomme Masters) « peut le prouver. Je crois aussi qu'un nommé Fisher, cour« tier de courses, viendra prouver qu'il a reçu de l'argent à « Shrewsbury, mais qu'il n'a pu payer à Smith que dix livres « sur cinquante-une qu'il lui devait. Ne serait-il pas pour le « mieux d'appeler Smith pour le prouver? Et, quoi que dise « demain le professeur Taylor, il a écrit mardi dernier au « soir : « Nous (c'est-à-dire lui, le professeur Taylor, et le « docteur Ress), nous avons aujourd'hui terminé l'analyse « et n'avons trouvé aucune trace de strychnine, d'acide « prussique ou d'opium. »

« Qu'est-ce qui pourrait être allégué contre cela par le « professeur Taylor, après ce qu'il a dit auparavant, ou « après le témoignage du docteur Bamford?

« Réfléchissez bien, je sais cela, car je l'ai vu écrit en noir « sur du papier blanc; ceci est strictement confidentiel. Il « est vrai que, pour ce qui touche à son livre de paris, ce « n'est agréable pour personne. J'espère que le verdict, de« main, sera qu'il est mort de causes naturelles, et que tout « sera fini par là!

« Tout à vous,

« Signé : W. Palmer. »

Lorsque le greffier a terminé la lecture de cette lettre, deux autres témoins s'avancent successivement. L'un est un marchand de comestibles, l'autre un commissionnaire. Tous deux déclarent que William Palmer a envoyé dans une bourriche du poisson, un dinde et une paire de faisans à M. Ward, le coroner du Staffordshire, alors chargé de l'enquête et de la partialité duquel on a tant à se plaindre, le même, d'ailleurs, à qui Palmer adressait la lettre qu'on vient d'entendre.

Ellis Crisp, inspecteur de police à Rugeley, s'avance ensuite.

« Le 17 décembre, dit-il, j'ai assisté à une perquisition chez l'accusé. On devait faire une vente de mobilier le 5 janvier. Entre autres objets, j'ai trouvé ce livre dans la maison et je l'ai emporté. »

A ces mots, des rires éclatent dans l'auditoire.

Le témoin continue sans se déconcerter :

« C'est un livre de médecine. Sur une des pages, on peut lire ces quelques mots, écrits de la main même de Palmer : « La strychnine tue en causant la rigidité tétanique des « muscles respiratoires. »

— Cela, dit lord Campbell, peut n'être qu'un passage extrait de quelque encyclopédie sur la strychnine.

— Sans doute, réplique M. l'attorney-général, c'est possible ; je le donne pour ce que cela vaut.

Un nommé George Herring déclare qu'il a rencontré Cook aux courses de Shrewsbury. Le jeune homme avait alors entre les mains un grand nombre de billets de banque.

Le même témoin ajoute que plusieurs personnes ont été malades à Shrewsbury, le second jour des courses. Lui-même s'est trouvé fort souffrant. Il faisait un temps très-humide, et il se rappelle même avoir dit à Cook qu'il avait tort de sortir dans l'état où il était.

Cette déposition terminée, la Cour annonce qu'elle n'entendra pas d'autres témoins.

Il est six heures.

Lord Campbell, avant de se lever, soumet aux juges une observation relative aux membres du jury.

— Je crois, dit l'honorable président des assises, qu'il serait bon, nécessaire même de donner aux jurés le moyen de respirer un peu l'air frais avant l'audience du lendemain. Je sais que, pour moi, si ce n'est que j'ai l'habitude de faire chaque matin, de bonne heure, une promenade à Kensington-Gardens, il me serait tout à fait impossible de supporter la fatigue de ces débats. Un ou deux omnibus pourraient très-bien être retenus pour MM. les jurés, afin qu'ils jouissent d'une semblable distraction.

— Mais pourquoi, dit M. le baron Anderson, ne feraient-ils pas plutôt une promenade dans les jardins de Temple-Bar ? Il n'y a pas d'endroit plus tranquille.

Quelques rires accueillent ces mots de l'honorable juge.

Les shérifs déclarent qu'ils se conformeront aux recommandations de la Cour.

L'audience est levée, et le jury reconduit au Café de Londres.

***

Plusieurs personnages honorent de leur présence l'audience du lendemain, 17 mai. On remarque, outre le comte Grey, M. Dallas, ministre américain.

A peine la Cour est-elle entrée et le jury a-t-il pris place dans son enceinte particulière qu'on introduit l'accusé.

Il semble moins soucieux et est moins pâle que la veille.

Le premier témoin qui dépose est un fermier, M. George Bates, celui-là même dont William Palmer avait, on se le rappelle, essayé d'assurer la vie.

Il donne quelques détails sur le haras de l'accusé, et fait comprendre qu'il y avait, autour des écuries, un terrain de 20 acres environ. Le groom du docteur, dont le vrai nom était Harry, était connu sous l'appellation de *Hocting*.

On entend, après ce témoin, plusieurs médecins et chirurgiens qui viennent donner des détails scientifiques sur la strychnine et dont les opinions ne s'accordent pas toujours entre elles.

M. Thomas Blizzard Carling est chirurgien à l'hôpital de Londres. Il s'est occupé d'une manière toute spéciale du tétanos, c'est-à-dire de l'affection spasmodique des muscles. Il déclare que certains poisons peuvent produire les symptômes qui accompagnent d'ordinaire le tétanos. Ces poisons sont la noix vomique, l'acide prussique, la strychnine et la brucine.

Un autre médecin, le docteur Tood, s'est également occupé de cette matière. Son opinion, basée sur la lecture attentive qu'il a faite du procès-verbal d'autopsie de John Parsons Cook, est que les symptômes signalés ne sont pas ceux qui distinguent le tétanos idiopathique.

Il aborde la question des effets produits ordinairement par la strychnine.

« On peut, dit-il, tuer les chats et les chiens en leur administrant seulement un demi-grain de strychnine. »

Et il ajoute que les symptômes signalés après le décès de Cook lui paraissent être ceux du tétanos produit par la strychnine, et que, dans ce cas, longtemps encore après la mort, la rigidité des muscles demeure très-marquée.

On devait entendre à cette même audience l'excellent docteur Bamford, qui, concurremment avec son confrère William Palmer, avait donné des soins au jeune Parsons Cook. Mais il résulte, de certificats à lui délivrés par les docteurs Tood et Twedie, que le vieux médecin est en ce moment atteint du choléra anglais.

En conséquence, sa déposition est ajournée.

Le procès-verbal d'autopsie a été lu avec une minutieuse attention par le docteur Daniel, qui occupe depuis trente-six ans la place de chirurgien à l'hôpital de Westminster.

« Ma conviction est, dit-il, que les symptômes remarqués sur le corps de M. Cook ne sauraient en aucune façon être attribués au tétanos idiopathique, non plus qu'au tétanos traumatique. Dans ces cas, la mort vient fréquemment, le plus souvent même, de l'épuisement et de l'asphyxie. Dans tous les cas de tétanos que j'ai été à même de traiter durant ma longue pratique dans les hôpitaux, le malade a conservé sa connaissance jusqu'au dernier moment. »

M. George Morley, chirurgien, a expérimenté plusieurs fois sur la strychnine. Il en a notamment administré de un à deux grains à un chien.

De ses expériences ressort pour lui la certitude que ce poison agit en partie sur les nerfs, et qu'en partie aussi, il est absorbé par le sang sur lequel il exerce également une action. Cette absorption a lieu dans tout le système, et c'est elle précisément qui rend si difficile la constatation de la présence de la strychnine, dans les cas d'empoisonnement par cet agent.

Toutes ces dépositions ont pris beaucoup plus de temps à l'audience que nous n'en avons mis à les rapporter. Nous n'avons pas cru devoir reproduire ici des détails que nous avions nous-mêmes déjà donnés dans le chapitre spécialement consacré à la strychnine.

Au moment où le docteur George Morley termine sa déposition, cinq heures un quart viennent de sonner.

Le procureur général annonce que le témoin qu'il devait faire appeler maintenant est le professeur Taylor ; mais que, son interrogatoire devant durer plusieurs heures, il désire d'abord savoir si Leurs Seigneuries veulent continuer l'audience ou la lever.

Lord Campbell déclare que l'audience va être levée. Il annonce en même temps que la Cour ne pouvant siéger le lendemain, qui est un dimanche, les débats seront continués le lundi.

On soulève alors la question de savoir si le jury peut être autorisé à se retirer jusqu'au lundi ; une longue discussion s'engage à ce sujet.

Lord Campbell dit que la chose est impossible.

Sa Seigneurie prie les jurés de n'avoir entre eux aucune conversation sur la cause qui leur est soumise, et de ne se former aucune opinion avant d'avoir impartialement examiné les deux côtés de la question.

— Le jury, ajoute lord Campbell, sera conduit demain à Epping-Forest, où il pourra jouir à son aise de l'air frais et prendre de l'exercice. Je désigne cet endroit, parce que Epping-Forest n'est pas accessible au public.

La Cour s'ajourne alors au lundi matin, à dix heures, et

les membres du jury sont reconduits au Café de Londres par les officiers des shérifs.

VII

LE PROFESSEUR TAYLOR.

Le jour qui s'est écoulé depuis la dernière séance de la Cour n'a rien enlevé à l'intérêt qu'excite ce procès. La curiosité va toujours croissant, et la foule se presse, plus nombreuse encore que les jours précédents, aux portes de la salle où se juge l'affaire.

On est arrivé au lundi, 19 mai.

A dix heures du matin, le lordchief-justice Campbell ouvre la cinquième audience de ce procès.

Parmi les personnages de distinction qui ont voulu assister aux débats, on remarque lord Littleton.

Les officiers des shérifs introduisent le jury, dont la garde est confiée à leurs soins. MM. les jurés paraissent très-bien portants; la promenade qu'ils ont faite le dimanche à Woodford semble avoir ranimé leurs forces et fait diversion à leurs fatigues.

L'accusé William Palmer entre à son tour.

Il est plus pâle que l'avant-veille. De temps en temps, pendant la journée, des contractions nerveuses des muscles de la partie inférieure de la face viennent indiquer l'anxiété de plus en plus vive à laquelle il est en proie.

Le docteur Taylor, appelé par le procureur général, a déclaré, après avoir prêté serment, se nommer Alfred-Swaine Taylor, être professeur à l'hôpital Guy et membre du Collége des médecins de Londres.

Il commence par rendre compte de nombreuses expériences faites par lui sur divers animaux, notamment sur des lapins. Un demi-grain de strychnine suffit pour leur donner la mort. Il est vrai que certains animaux sont plus faciles à empoisonner que les hommes, ou plus sensibles à l'action de certains poisons.

« L'action particulière à la strychnine, dit le docteur Taylor, se fait d'abord remarquer sur la circulation du sang, et comme cette circulation s'effectue en quatre minutes environ, il suffit de quatre minutes pour empoisonner le sang; mais les effets extérieurs ne se font remarquer qu'après, et ils sont d'autant plus rapides, que l'estomac est moins chargé de substances qui empêchent le contact du poison avec les tissus de l'estomac.

« Pendant les premiers moments donc, le sujet ne paraît pas souffrir; mais bientôt il court inquiet, se tourne, tombe sur le côté (et, ce que ne dit pas le professeur Taylor, c'est toujours sur le côté gauche que tombe et meurt l'animal), est saisi d'un tremblement nerveux; ses pattes de devant se crispent, la tête se rejette en arrière et le corps prend une courbure dans le sens d'un arc. Les mâchoires sont resserrées, les yeux sortent de la tête. Il y a quelques faibles répits dans les symptômes, et le calme renaît. Le moindre attouchement, le bruit le plus léger produisent des convulsions ou des spasmes. Le pouls bat violemment pendant les attaques, puis se calme ou s'éteint tout à fait.

« Après la mort, les symptômes varient; mais généralement il y a dans les membres une grande rigidité. Une fois, l'animal sur lequel on avait expérimenté était si raide, qu'il s'est maintenu sur ses pattes de devant pendant toute une semaine. »

Après ces détails, M. Taylor dit que la servante de l'hôtel des *Armes de Talbot* lui a donné des renseignements très-précis sur la matière des vomissements de M. Cook à Rugeley et à Shrewsbury, et que ces renseignements et les récits faits par les docteurs Jones et Gibson sont de nature à faire croire que les vomissements ont été produits par un autre poison que la strychnine, l'antimoine.

« L'antimoine, dit le docteur Taylor, est soluble dans les liquides; s'il est mêlé en petite quantité aux liquides, il n'altère en rien la couleur de ces derniers; une quantité suffisante pour produire du malaise ne modifie de même en rien la couleur des rôtis, de l'eau, de l'eau-de-vie, du vin ou du bouillon.

« Je suis porté à croire, ajoute le professeur, que l'antimoine trouvé chez le défunt doit avoir été donné trois semaines avant la mort.

« En ma qualité de professeur de médecine, je ne connais aucune autre maladie à laquelle on puisse attribuer la mort de M. Parsons Cook que celle déterminée par la strychnine. Si j'ai rapporté la cause de la mort à l'antimoine, c'est que l'antimoine est la seule substance qui ait été trouvée dans le corps après le décès.

« On a mal rendu ma pensée relativement à la possibilité de découvrir la strychnine après la mort. Ce que j'ai dit au coroner, c'est que la strychnine une fois absorbée et mêlée au sang ne pouvait être retrouvée sous forme de strychnine. »

Après cette déposition qui semble avoir vivement intéressé l'auditoire et que William Palmer n'a pas cessé de suivre avec une attention fiévreuse et inquiète, l'heure avancée ne permettant pas de prolonger davantage la séance, la cause est ajournée.

***

Le lendemain, 20 mai, les portes de la salle d'audience sont assiégées de bonne heure par la foule; mais la consigne, qu'on observe d'ailleurs avec une stricte sévérité, enjoint toujours de n'admettre que les personnes munies de billets.

A dix heures, la Cour entre en séance.

William Palmer n'est plus le même que les premiers jours. Sa figure paraît livide; son maintien et son regard ont beaucoup perdu de leur assurance. Il est évidemment très-fatigué et paraît être en proie à une douloureuse anxiété.

En un mot, il est à ce point changé, que les personnes qui ne l'auraient pas vu depuis quelques jours, auraient certainement de la peine à le reconnaître en ce moment.

Cette audience ne présente pas de dépositions bien intéressantes; il ne ressort surtout des déclarations des témoins aucuns faits nouveaux.

Le premier surintendant de la police de Rugeley, M. Berger, dépose qu'après l'arrestation de William Palmer, arrestation qui eut lieu dans la nuit du 15 décembre, il a fait une perquisition au domicile de l'accusé, qu'il y a trouvé un nombre considérable de papiers et qu'il en a remis une partie au frère du docteur, George Palmer. Les plus importants ont été remis à M. Dean qui les a classés.

Le docteur Bamford, remis de la maladie qui l'avait empêché d'être entendu aux premières audiences, vient aujourd'hui déposer.

Chirurgien à Rugeley, il connaissait beaucoup son confrère William Palmer. Sur la demande de ce dernier, il a donné des soins à M. Parsons Cook. Il a préparé chez lui des pilules qui ont été administrées au malade. Il a vu Palmer après la mort du jeune homme, et il a délivré un certificat qui constatait que Cook avait succombé à une attaque d'apoplexie.

Telle est en résumé la déposition de cet excellent docteur Bamfort, qui, dans la longue suite des empoisonnements consommés par son habile confrère, a joué un rôle que nous serions fort embarrassé de définir.

Quelques dépositions d'une importance tout à fait secondaire sont encore entendues; puis la Cour s'ajourne au lendemain matin.

Les témoignages touchent à leur fin, et l'on s'attend à entendre, dans la séance suivante, le défenseur de l'accusé.

*
* *

L'audience du 21 mai vient de commencer.

Palmer semble excessivement triste.

A peine les membres du jury ont-ils pris leurs places respectives, qu'on appelle M. Wetherby.

Ce témoin déclare qu'à la date du 20 novembre, il a reçu une lettre de William Palmer, laquelle contenait un mandat de 300 livres sterling.

Trois jours plus tard, le 23 novembre, il reçut de l'accusé une nouvelle lettre. Cette fois, il lui répondit, courrier par courrier, qu'il n'avait pas reçu de M. Parsons Cook les fonds nécessaires pour acquitter le mandat.

Après M. Wetherby, s'avance M. John Butler.

« J'étais allé, dit le témoin, aux courses de Shrewsbury. J'avais un compte à y régler avec le docteur Palmer. Je devais recevoir de lui environ 700 livres sterling. Il était mon débiteur de cette somme depuis les courses de Liverpool, où j'avais payé des paris pour son compte.

« Il me donna sur la banque de Rugeley un mandat de 250 livres sterling, qui n'a jamais été payé.

« Je connaissais la situation des affaires de M. Parsons Cook, et je sais très-bien qu'à Shrewsbury, les courses lui avaient rapporté un bénéfice d'environ 700 livres sterling. »

La Cour entend ensuite une série de témoins qui tous viennent raconter des faits relatifs au mauvais état des affaires de Palmer et aux usures exorbitantes que sa position de gêne le contraignait de subir.

Leurs dépositions terminent la partie des débats qui se rattache spécialement à l'accusation. Six audiences successives ont été consacrées à l'examiner.

C'est maintenant le tour de la défense; c'est à l'avocat de l'accusé à faire valoir les moyens qui lui sembleront le plus propres à prouver, si tant est qu'elle puisse être prouvée, l'innocence de son client.

VIII

LE DÉFENSEUR.

M. Serjeant Shee, nous l'avons dit plus haut, est un des plus éminents avocats de la Grande-Bretagne. L'intérêt était d'avance acquis à sa plaidoirie, et l'on regardait comme une chance en faveur de Palmer, qu'il eût bien voulu se charger de sa défense.

Lorsque l'éminent orateur prit la parole, ce fut au milieu du plus profond silence, de l'attention la plus soutenue, qu'il fit entendre ces mots :

— En me levant pour accomplir la tâche qui m'est imposée de défendre la vie d'un de mes semblables, je ne puis m'empêcher d'être effrayé du sentiment de la responsabilité qui pèse sur moi, et, en remplissant ce devoir, je redoute qu'il n'occupe votre attention pendant longtemps.

« Si, dans des circonstances ordinaires, c'est toujours une tâche difficile à remplir pour un avocat et un jury, combien plus sérieuse est-elle quand mon malheureux client est resté six longs jours sur le bord de l'échafaud, et quand la moindre erreur de mon jugement peut le condamner au dernier supplice.

« On ne peut nier que les préjugés du public ont mis en danger la calme administration de la justice, et il est inutile de dissimuler ce que vous savez parfaitement bien : c'est que tous vos efforts pour conserver votre liberté d'examen auront peine à effacer les souvenirs de votre mémoire.

« Vous savez que, pendant six mois, sous la sanction ou sous l'autorité de la science, une opinion presque unanime a régné dans tout le pays, un cri d'horreur de la mort de Cook a été presque universel, et que ce cri a été poussé sous l'impression, sous la conviction de la culpabilité de l'accusé. On ne peut douter de vos efforts pour effacer les souvenirs de ce passé, accomplir votre mission et former votre conviction sur les témoignages entendus.

« Telle a été la violence des préjugés de l'opinion publique contre mon malheureux client, que le gouvernement, dans l'intérêt de la bonne administration de la justice, a cru devoir présenter au Parlement un acte qui, en distrayant l'accusé de juges naturels, mais que l'excitation ne rendait plus impartiaux, a en même temps attribué la connaissance de ce procès au plus impartial des tribunaux.

« Donc, je le reconnais et je m'en félicite, tout ce que la loi permettait de faire pour rendre la décision aussi impartiale et aussi sûre que possible a été fait.

« D'ailleurs, je ne doute pas que MM. les jurés n'apportent, dans l'accomplissement de leur devoir, la plus scrupuleuse et la plus calme attention.

« Quant à moi, je pense, j'ai la conviction la plus ferme que jamais accusé n'a pu exprimer avec plus de vérité que Palmer, qu'il entendait plaider « non coupable » (*not guilty*).

« C'est, qu'il me soit permis de le dire tout haut avant d'aller plus loin, c'est un grand malheur pour mon client d'être privé par la maladie des services de l'éminent avocat, M. Wilkins, une des gloires du barreau anglais, qui avait accepté sa défense. Je m'efforcerai, autant qu'il sera en mon pouvoir, de suppléer par ma conscience au talent de mon honorable collègue; mais si, malgré mes efforts, je ne réussissais pas à infiltrer dans la conscience des juges la conviction entière de l'innocence de mon client, conviction dont je suis moi-même animé, il ne faudrait, Messieurs, en accuser que ma faiblesse et mon impuissance.

« J'aborde maintenant les faits de la cause.

« Le point de départ de l'accusation consiste à dire que Palmer a préparé la mort de Cook en commençant « par l'empoisonner légèrement » avec de l'antimoine, puis qu'il l'a brusquement achevé avec de la strychnine.

« Avant de passer à l'examen de ce programme de l'accusation, je veux, Messieurs, établir un fait grave, que M. l'attorney-général n'a pas méconnu, c'est qu'on n'a pu retrouver la plus petite quantité de strychnine dans le corps de Cook, bien que les hommes de l'art aient procédé à leurs opérations, à leurs recherches dans les circonstances les plus favorables. »

M. Serjeant Shee combat les conclusions du rapport de MM. Taylor et Rees, qui consistent à dire que le poison a été décomposé et absorbé après avoir été pris, ce qui a empêché de le retrouver. Il oppose à ces conclusions les opinions contradictoires de plusieurs autres médecins.

« Cette opinion, dit-il, est agitée par des chimistes plus distingués, plus habiles que ceux dont les témoignages sont produits par l'accusation. Je citerai, entre autres, le plus savant de tous, le plus éminent chimiste de l'Angleterre, le docteur Strapath, et il vous prouvera que la théorie du docteur Taylor est indigne des hommes de science, est une bêtésie; et il vous prouvera que, loin d'avoir de la difficulté à trouver un cinquantième de gramme de strychnine, ils en trouveraient la cinquième, la dixième, la vingtième partie de cette quantité, si elle existait dans le corps humain, et que la putréfaction n'eût pas empêché de faire des expériences convenables. »

Après avoir entièrement vidé ce point, M. Shee entre dans l'appréciation des faits. Il établit qu'au mois de novembre, Palmer n'avait aucun intérêt à donner la mort à Cook.

« Il me paraît, dit-il, résulter des débats, avec la dernière évidence, que cette mort ne devait apporter à l'accusé aucun avantage, et qu'elle devait, au contraire, être préjudiciable à ses affaires et devenir pour lui une calamité, une cause de ruine immédiate. MM. les jurés savent que c'est en effet ce qui est arrivé.

« Sans doute Palmer était horriblement embarrassé dans ses affaires, et M. l'attorney-général a tiré argument de ces embarras pour soutenir que Palmer avait intérêt à faire mourir Cook pour les faire cesser, et qu'il a voulu en profiter pour s'approprier immédiatement ce qu'avait Cook et ce qui lui revenait de ses gains aux courses de Shrewsbury.

« Mais Palmer et Cook étaient liés par une étroite amitié, contractée dans les courses depuis déjà deux ou trois ans. Ils avaient mis leurs intérêts de sport en commun; ils logeaient dans les mêmes hôtels, faisaient courir les mêmes chevaux.

« Cook était pour l'accusé un ami dévoué, dont le soutien lui était indispensable. Il aidait Palmer dans ses embarras; ils faisaient ensemble des opérations avec Pratt. Ce qui était à l'un appartenait à l'autre; l'argent passait d'une main dans une autre main : voilà tout.

« Jamais d'ailleurs on n'avait songé à poursuivre Palmer. Le docteur donnait de trop bonnes garanties, et puis il payait l'argent qu'on lui prêtait jusqu'à 40, 50 et même 60 pour cent.

« Et toutes ces garanties disparaissaient forcément par la mort de Cook.

« On le voit donc bien, en ce qui est de l'intérêt qu'avait Palmer à la mort de Cook, l'accusation a complétement échoué. Non-seulement la mort de Cook ne pouvait être en aucune façon avantageuse pour Palmer, mais elle lui devenait fatalement préjudiciable. »

L'habile avocat, reprenant alors la discussion au point de vue médico-légal, s'explique sur la question de la maladie de John Parsons Cook.

Le malheureux jeune homme menait, c'est ce dont on ne peut douter, une vie de dissipation, de débauche, et ses désordres avaient provoqué en lui depuis longtemps déjà le germe d'une grave maladie.

A ces causes toutes naturelles étaient venues s'en joindre d'autres : le souvenir de son père, mort au moment où il venait à peine d'atteindre la trentaine; le souvenir aussi de sa mère, morte dans la fleur de l'âge.

Les circonstances de la mort de Cook, les symptômes qui l'ont précédée, n'ont, au reste, rien d'inconciliable avec une mort naturelle.

John Parsons Cook a succombé à une affection de la moelle épinière.

Le défenseur passe ensuite aux appréciations du docteur Taylor. Il s'élève avec beaucoup d'énergie contre la manière dont ce chimiste a opéré, et il lui reproche d'avoir, avec une impudence vraiment incroyable, affirmé sous serment que les pilules données par Palmer au jeune Cook, le lundi et le mardi, contenaient de la strychnine et avaient occasionné la mort, alors que toutes les tentatives étaient demeurées infructueuses, quand il s'était agi de retrouver dans le corps de Cook ce poison ou l'indice de ce poison.

« Et voilà pourtant, dit l'honorable M. Shee, les appréciations qui ont servi de base au verdict du jury d'enquête; ce sont ces fausses appréciations qui, livrées à tous les vents de la publicité, colportées en tous sens par la presse, ont pénétré dans toutes les maisons des trois royaumes.

« Si la science était admise à faire loi devant les cours criminelles, la science qui échoue si souvent dans ses preuves et sur le front de laquelle on pourrait écrire cette devise : « Courte science, dangereuse science, » où donc serait la sécurité de la vie humaine? »

M. Serjeant Shee termine ainsi la première partie de son brillant plaidoyer, pendant toute la durée duquel l'attention générale ne lui a pas fait défaut un seul instant.

Il est deux heures.

Lord Campbell prononce la suspension de l'audience.

*
* *

A la reprise de l'audience, le défenseur de William Palmer, avant de produire ses témoins, s'attache à expliquer d'une manière vraisemblable les causes qui ont pu occasionner les convulsions sous le coup desquelles est survenue la mort de John Parsons Cook.

« Rien d'étonnant, dit M. Shee, à ce que, lors de son arrivée à Sherwsbury, Cook eût pu paraître physiquement jouir d'une bonne santé, sans qu'en réalité il en fût ainsi.

« Il est certain que la situation morale dans laquelle se trouvait alors Cook, excité ensuite par de graves préoccupations et vivement agité par les alternatives de crainte et de joie qu'avaient dû lui occasionner les courses, il est certain que cette situation était bien de nature à développer le germe d'une maladie nerveuse, et cela s'explique d'autant mieux que sa santé, depuis longtemps, était fort délicate, puisque son tempérament lui-même avait été usé par les excès. »

IX

LA DÉFENSE (*suite*).

M. Serjeant Shee rappelle les circonstances qui ont précédé la mort de Cook; puis il prend à partie la déposition de la jeune servante de l'hôtel des *Armes de Talbot*, Élisabeth Mills, et cherche à y établir des contradictions.

Il repousse comme calomnieuse au premier chef la prétendue offre que William Palmer aurait faite au postillon de la poste, James Myatt, de lui donner une certaine somme d'argent, s'il voulait consentir à verser la voiture dans laquelle MM. Stewens et Bercott accompagnaient la terrine renfermant les intestins du jeune Cook.

C'est un fait que le coroner n'a pas, en effet, relevé dans son enquête.

On a parlé de l'irritation que Palmer avait montrée contre M. Stewens, beau-père de la victime. Cette irritation s'expliquerait fort naturellement, puisque M. Stewens avait manifesté à l'égard du docteur des soupçons injustes.

M. Shee passe ensuite à l'examen des témoignages qui servent de base à l'accusation.

Il repousse de toutes ses forces, comme ne pouvant être admis avec confiance, le témoignage de M. Newton, l'élève du droguiste Salt.

Comment se fait-il, en effet, que M. Newton ait attendu jusqu'à la veille même des débats devant la Cour, pour venir révéler que Palmer lui avait acheté trois grains de strychnine?

Et puis, il est tellement improbable que Palmer, en sa qualité de médecin, ait consulté M. Newton sur les propriét.

d'un poison, de la strychnine, et qu'il ait paru satisfait d'apprendre que ce poison ne pouvait être découvert après la mort, que MM. les jurés ne doivent pas, dans leur âme et conscience, y ajouter foi.

L'habile avocat fait ressortir avec netteté qu'il n'est pas probable que, si Palmer avait conçu et prémédité le projet de faire périr Cook dans le silence de la nuit, il eût été assez imprudent pour faire venir lui-même de Lutterworth le docteur Jones, un intime ami de John Parsons.

Palmer était trop intelligent pour ne pas penser que, dans ce cas, un médecin s'apercevrait parfaitement que le malade n'était pas emporté par une maladie naturelle.

M. Shee discute de nouveau la déposition de M. Stewens. Il rappelle les injustes soupçons manifestés par ce témoin à l'égard de son client, et les sentiments d'irritation de celui-ci lui paraissent par là ou ne peut mieux justifiés.

L'éminent orateur invoque la bonté naturelle des sentiments de Palmer.

« Selon ma manière de voir et de juger, dit M. Shee, lorsqu'un homme épouse par amour une femme innocente, vertueuse, qu'il aime profondément, on peut être assuré que cet homme est d'un caractère incompatible avec les actes de violence.

« Or, on ne saurait contester que Palmer ait fait un mariage d'amour. J'en trouve les preuves dans les livres qu'il étudiait : à chaque page se présentent des notes écrites de la main même de sa femme.

« Cette jeune femme était aimée de lui avec une tendresse égale à celle qu'il éprouve pour son enfant.

« Pauvre enfant ! il attend avec anxiété le verdict qui doit lui rendre son père, ou qui le condamnera à mourir ignominieusement sur un échafaud. »

A ces mots de son défenseur, William Palmer verse d'abondantes larmes.

« J'ai dans ce livre, ajoute M. Shee, dans ce livre qu'on m'a cité comme fournissant une preuve irrécusable que cet homme n'est qu'un misérable, la copie d'une lettre qu'il écrivait, alors qu'il était encore étudiant, à cette jeune fille qui devint un peu plus tard sa femme.

« Cette lettre, je vais vous la lire. Elle montrera ce qu'était Palmer, il y a sept ans ; elle vous sera un témoignage évident de cette affection pure et vertueuse qui, dans la majorité des circonstances, éloignera toujours toute idée criminelle.

« Voici ce que dit cette lettre :

« Très-chère amie,

« Je m'arrache un moment aux études pour vous écrire, « chère, très-chère petite.

« Le principal encouragement à mes études, j'ai à peine « besoin de vous le dire, est le désir que j'ai de les voir bientôt achevées, afin de pouvoir presser dans vos bras votre « cher petit être.

« Croyez-moi, avec mon meilleur amour, bien chère amie,

« Votre WILLIAM. »

« Tel est l'homme que j'ai à défendre, et je n'hésite pas à le dire, après les témoignages que vous avez entendus, après ceux surtout qu'il vous reste à entendre, vous ne pouvez, Messieurs, le croire et le déclarer coupable. »

L'honorable défenseur dit que, dans la position terrible où se trouve fatalement placé son client, ni parents ni amis ne l'ont abandonné.

Il dépeint avec une éloquence vraiment remarquable la situation morale de la vénérable mère et de la sœur de William Palmer, ainsi que la situation de son frère George, qui n'épargne rien pour le sauver.

Il fait ensuite un appel à la conscience des membres du jury ; il résume avec un rare talent les devoirs qui leur incombent de par la loi et leur conscience.

Il termine son éloquente et chaleureuse plaidoirie en disant que ces devoirs, ils doivent les remplir avec la plus grande fermeté ; que, si l'accusation leur paraît irréfutablement prouvée, ils doivent rendre un verdict de culpabilité ; mais que, si le moindre doute prend place dans leur esprit, la raison ; d'accord avec leur conscience, leur dit, et ils ne doivent pas le perdre de vue, qu'un jour viendra, plus ou moins éloigné, où l'innocence de William Palmer sera évidente. Alors ils regretteront amèrement, mais trop tard, hélas! de n'avoir pas partagé la conviction intime, profonde, palpable, qu'il a lui-même, que l'accusation est complétement fausse et que son client est innocent.

Après avoir ainsi parlé durant plus de sept heures, l'éminent avocat s'assied, brisé de fatigue, au milieu de marques d'approbations nombreuses autant qu'enthousiastes.

La continuation des débats est renvoyée au lendemain.

***

L'audience du 22 mai est destinée à l'audition des témoins de la défense.

On sait que la plupart sont des hommes éminents dans la science, ce qui promet une séance non moins intéressante que les précédentes, au point de vue surtout des détails scientifiques.

La curiosité publique ne s'est en rien affaiblie. Comme les premiers jours, la salle des assises est encombrée de spectateurs.

La pluie qui fouette au dehors n'empêche pas la foule de se presser, bruyante et houleuse, aux abords du palais.

S. A. le duc de Cambridge assiste à l'audience derrière le banc de la Cour.

William Palmer a l'air plus fatigué que jamais; pourtant l'expression de son visage ne se dément pas, et il conserve un grand calme apparent.

Son défenseur, M. Serjeant Shee, commence par remercier publiquement les représentants des journaux pour l'exactitude avec laquelle sa plaidoirie a été reproduite dans toute la presse en général.

Lord Campbell prend à son tour la parole. L'honorable président invite les feuilles publiques à s'abstenir rigoureusement de toute espèce de commentaires sur les débats du procès jusqu'à l'entier achèvement de l'affaire.

X

OPINIONS DE MÉDECINS!...

Nous avons dit que la plupart des témoins produits par la défense étaient des médecins ou des chimistes, et des plus éminents de la Grande-Bretagne.

Voyons-les présenter chacun son système et donner à la mort de John Parsons Cook les causes les plus différentes.

Le premier qui s'avance à la barre est M. Thomas Nunnelly, médecin, membre du collége royal de chirurgie, professeur de chirurgie à l'École de médecine de Leeds.

Son opinion est que Cook n'est nullement mort du tétanos.

Mais, comme il faut bien que le malheureux jeune homme soit mort de quelque chose, le professeur de l'École de Leeds attribue son décès à des convulsions, et ces convulsions elles-mêmes, il les regarde comme pouvant être le résultat du traitement qu'il suivait par suite de maladies syphilitiques.

Cook était d'ailleurs prédisposé à l'irritation nerveuse, et les causes morales ont pu la développer d'une manière dangereuse.

Tout cela, au dire de M. Thomas Nunnelly, peut expliquer les vomissements constatés.

Un chimiste de Bristol, M. Herapoth, pense que, si la strychnine avait réellement existé dans les restes soumis à l'examen du docteur Taylor, on aurait dû la retrouver.

— Selon vous, dit M. l'attorney-général en interpellant le témoin, il est donc impossible que, la strychnine existant, elle n'ait pu être découverte par le professeur Taylor?

— C'est-à-dire, répond M. Herapoth, que, dans mon opinion, d'après ce que je sais de l'affaire, il existe une forte présomption que la strychnine a été administrée. Mais il se peut que, dans les recherches auxquelles il s'est livré pour essayer de la trouver, le docteur Taylor n'ait pas eu recours au bon moyen. Je crois, en effet, qu'en opérant convenablement, on pourrait découvrir la millième partie d'un grain de ce poison.

M. Rogers, professeur à l'École de médecine, et un autre médecin, M. Gay, sont ensuite appelés.

Il résulte de leur double déposition que la strychnine peut être facilement retrouvée après la mort.

On appelle ensuite le docteur sir Henri Lesheby, officier de santé de la ville de Londres.

C'est un homme d'une grande expérience dans la matière. Depuis quatorze ans, il n'a cessé d'étudier les poisons et l'action qu'ils exercent sur les corps. La Cour criminelle centrale a l'habitude de l'entendre dans toutes les affaires de la nature de celle qui nous occupe.

Plus il examine les symptômes qui se sont manifestés et qu'on a pu observer pendant la nuit de la mort de Cook, moins il leur trouve de différence avec ceux que produit le tétanos résultant de l'empoisonnement par la strychnine.

Il termine sa déposition en déclarant que les symptômes de la mort de Cook ne sauraient se concilier avec rien de ce qu'il a eu l'occasion d'apprendre durant le cours de ses études.

L'audience est levée et l'audition des autres témoins à décharge renvoyée au lendemain.

Lord Campbell suppose que ces témoignages ne prendront pas maintenant plus d'une séance.

***

Le duc de Wellington, membre de la chambre des lords, un ancien ministre, sir John Packington, et plusieurs membres du Parlement, ont voulu assister à l'audience du 23 mai.

La foule se montre toujours aussi empressée, aussi curieuse.

Deux médecins de l'hôpital de Londres sont d'abord entendus.

Les constatations qui ont été faites lors de la mort de M. Cook ne coïncident en aucune façon avec les observations qu'a faites M. Roos dans un cas de tétanos.

M. Mantel se fait pour ainsi dire l'écho de son collègue, et répète presque mot pour mot sa déposition.

Un autre médecin de Birmingham est ensuite interrogé. C'est le docteur Wrighton.

— Je pense, dit l'homme de l'art, qu'en analysant les urines et les matières contenues dans l'estomac, on peut très-bien retrouver la strychnine, huit ou dix jours même après la mort de la victime.

— Mais, demande au témoin M. l'attorney-général, supposez le cas où la strychnine aurait été absorbée dans le système organique du sujet. Pourrait-on alors retrouver dans l'estomac des traces du poison?

— Non, monsieur. On ne retrouverait absolument rien.

— Et s'il y avait eu absorption dans les urines?

— Il en serait exactement de même que dans le cas précédent.

— Si le poison, demande M. Shee, avait été pris quelques heures seulement avant la mort, croyez-vous qu'il serait possible alors de le retrouver?

— Oh! c'est bien différent! Dans ce cas, on le retrouverait indubitablement.

— Croyez-vous donc, continue l'avocat de William Palmer, qu'un laps de temps aussi court soit suffisant pour que le poison puisse pénétrer dans la circulation générale, particulièrement lorsqu'il a été administré en pilules?

— Non, monsieur, cela ne me paraît pas possible.

— Eh bien, dans ce cas, pourrait-on retrouver le poison soit dans le foie, soit dans les reins?

— Certainement, on le pourrait.

— Pourtant, ajoute le témoin, ignorant l'importance de la dose qui aurait été ingérée, je crois devoir faire quelques réserves sur les réponses que je viens de formuler.

— La Cour, dit lord Campbell, ne peut qu'approuver ces réserves. En même temps, je ne saurais trop vous féliciter sur la précision de vos déclarations. Tous les témoins devraient déposer de la même manière.

M. Patridge, qui s'avance ensuite à la barre, est professeur d'anatomie. Son opinion n'est pas longue à développer.

Il ne sait à quelle cause attribuer la mort de Cook. Jamais semblable exemple ne lui a passé sous les yeux.

Une observation a été faite en 1843 par M. Gay, agrégé de la Faculté de médecine.

Ce médecin a vu chez un enfant, mort à la suite d'un accident, des symptômes semblables à ceux qui ont précédé la mort de Cook, avec cette différence toutefois qu'il n'y a pas eu de vomissements.

Le docteur Donald déclare qu'il a fait de nombreuses expériences au sujet des poisons.

D'après cela, il ne saurait admettre que la strychnine puisse être absorbée et décomposée d'une manière tellement complète qu'il devienne impossible de la retrouver.

Lors Campbell interrompt le témoin et prononce la suspension de l'audience.

***

Lorsque la Cour est rentrée en séance, M. l'attorney-général continue l'interrogatoire du docteur Donald.

— Exprimez, dit-il, votre opinion sur les causes de la mort de Cook?

Le témoin entre dans de longs détails assez obscurs et essaie de soutenir une théorie qui excite çà et là dans l'auditoire des grognements et des applaudissements.

Il résulte des explications du docteur Donald qu'il attribue la mort de Cook à des convulsions épileptiques compliquées de tétanos.

Ces convulsions ont pu, il le pense ainsi, être produites par les excitations sensuelles auxquelles fréquemment s'abandonnait le jeune Cook, et qui ont eu pour premier résultat les maladies syphilitiques dont il était atteint depuis longtemps.

Quelques marques d'approbation, en même temps d'ironiques sourires, venant à éclater à la suite de cette déposition, un des honorables magistrats, M. le baron Alderson, les réprime vivement par quelques paroles bien senties.

Un médecin, entendu après le docteur Donald, attribue la mort de Cook à une affection de la moelle épinière; un autre, le docteur Richardson, la regarde comme le résultat d'une angine de poitrine.

M. Serjeant Shee, au moment où l'on s'apprête à interroger un autre témoin, demande que l'audience soit renvoyée au lendemain.

Lord Campbell accède au désir du défenseur de William Palmer.

M. l'attorney-général demande à son tour qu'un témoin dont il indique le nom, soit, d'urgence et à sa requête, cité par dépêche télégraphique.

Cette demande est admise.

La Cour se retire après avoir renvoyé l'audience au lendemain.

* * *

L'audience du 24 mai voit se continuer l'interrogatoire des témoins à décharge.

On appelle d'abord le témoin assigné par dépêche télégraphique à la requête de M. l'attorney-général; mais personne ne répond.

M. Pemberton, professeur de médecine, déclare avoir assisté à l'autopsie du corps de Cook.

Sa déposition ne révèle rien d'intéressant.

Il en est de même de la déposition du fermier Forster, qui n'a d'autre résultat que d'exciter quelques rires parmi l'auditoire.

Lord Campbell rappelle le public au respect de la justice et l'engage à ne plus oublier la gravité de ce procès, où il y va de la vie d'un homme.

Un sellier de Rugeley, George Wyatt, assistait aux courses de Sherwsbury. Il a passé la nuit à l'hôtel du *Corbeau*. Cook et Palmer s'y trouvaient ensemble et il les y a vus tous deux.

Cook n'était pas, pense-t-il, sans avoir fait quelques excès de boisson.

Si quelque chose a été jeté dans le verre du jeune homme, le témoin ne l'a pas vu jeter.

Il se rappelle très-bien que, le lendemain, Cook se plaignit d'avoir été malade toute la nuit, et qu'il lui demanda ce qu'on pouvait avoir mis dans son verre.

Il déjeuna et dîna, ce même jour, avec John Parsons Cook et le docteur William Palmer; puis, le soir venu, tous trois partirent ensemble pour retourner à Rugeley.

En route, Palmer se plaignit d'être malade. Il eut même quelques vomissements. Il mit cette indisposition sur le compte des boissons qu'ils avaient prises et qui, disait-il, étaient de mauvaise qualité.

L'attorney de Rugeley, le sieur Smith, connaissait parfaitement Cook.

Il vient à son tour rendre compte de ce qui s'est passé à l'hôtel des *Armes de Talbot*, où il a dîné avec Cook et Palmer.

Nous ne reviendrons pas sur des détails que nous connaissons déjà. Mentionnons seulement un fait raconté par le témoin.

Ayant demandé à Cook la somme de cinquante livres, le jeune homme ne lui en remit que cinq, en lui disant qu'il avait donné son argent à Palmer et qu'il ne lui restait plus rien.

L'attorney ne se rappelle pas que Cook ait vomi.

Le lundi soir, il reçut un billet de madame Palmer, la mère de William. Il se mit à la recherche du docteur; à dix heures seulement, il parvint à le rencontrer.

Il voulut alors l'envoyer chez sa mère; mais Cook manifesta le désir de monter d'abord chez son ami Palmer, et le témoin le laissa faire à sa guise.

Cook dit à Palmer qu'il se trouvait mieux, et, après quelques mots de conversation, l'attorney sortit avec le docteur William.

M. Smith n'ignorait pas que Cook et Palmer étaient étroitement liés ensemble par des rapports d'intérêt. Mais ce qu'il savait aussi, c'est que Cook était très-géné.

L'attorney produit des lettres écrites par Cook, lettres qui établissent en effet cette situation dont parle le témoin.

Des relations d'intérêt et d'intimité existaient depuis longtemps entre la famille Palmer et l'attorney de Rugeley. Si l'on en croit l'accusation, ce dernier aurait même servi d'intermédiaire lors des assurances que Palmer avait négociées ou tenté de négocier.

M. l'attorney dirige l'interrogatoire sur ce point.

Le témoin, visiblement troublé, ne répond qu'avec beaucoup de peine. Il ne se souvient de rien.

Très-embarrassé par les questions qui lui sont faites, il ne peut donner que des explications très-embrouillées; il paraît ne pas oser répondre d'une manière précise; on dirait qu'il a peur de se compromettre.

On lui présente un reçu, et, lorsque M. l'attorney-général lui demande s'il reconnaît sa signature, il répond timidement qu'il croit en effet la reconnaître, mais qu'il n'oserait affirmer par serment que ce soit bien la sienne.

L'auditoire suit avec une curiosité mêlée d'émotion cette partie du débat qui soulève sur tous les bancs une douloureuse impression.

M. l'attorney-général revient à la charge et presse vivement le témoin de s'expliquer avec netteté et précision; mais celui-ci tergiverse de nouveau, comme sous le poids d'une vive agitation intérieure.

Enfin, M. l'attorney-général perd patience et renonce à tirer de Smith les explications qu'on semblait devoir en attendre.

Ainsi fait également le défenseur de l'accusé, M. Serjeant Shee, qui a fait citer en témoignage l'attorney de Rugeley. Ses efforts, comme ceux du magistrat chargé de l'interrogatoire, demeurent sans résultat, et il se voit obligé de renoncer à poser de nouvelles demandes au témoin.

Tous les témoignages invoqués par la défense ayant été successivement entendus, M. l'attorney-général se lève pour porter la parole à son tour.

William Palmer suit avec anxiété ce plaidoyer, qui vient de tout son poids peser contre lui dans la balance de la justice.

XI

LA RÉPLIQUE DE M. L'ATTORNEY-GÉNÉRAL.

M. l'attorney-général commence sa réplique en déclarant qu'il soutiendra avec vigueur l'accusation sur tous les points.

Ce qu'il doit d'abord examiner, ce sont les questions de savoir si John Parsons Cook est mort naturellement ou bien s'il a été empoisonné, et, dans ce dernier cas, quelle est la main qui a fait usage du poison.

Après avoir écarté la première question, il se prononce de toute la force de sa conscience en faveur de la seconde. Il rejette bien loin les témoignages produits par la défense. Il repousse les médecins entendus à la requête de l'accusé; il les montre, présentant chacun son système et donnant chacun un nom différent à la cause de la mort de Cook.

« Personne plus que moi, dit l'honorable magistrat, ne respecte la science, mais je ne peux cacher l'indignation que j'ai éprouvée en voyant qu'on l'avait prostituée, au mépris des droits de la vérité, dans une Cour de justice.

« La plupart des arguments apportés ici sont aussi peu dignes de votre attention que les hommes qui les ont produits sont indignes de l'estime du jury. »

Il est constant que Cook est mort du tétanos, et non d'épilepsie. C'est ce que M. l'attorney-général démontre, en entrant dans des détails techniques qui établissent aussi que le tétanos auquel Cook a succombé n'est ni le tétanos ordinaire, ni le tétanos traumatique, mais le tétanos produit par la strychnine.

Cette opinion est fondée sur les dépositions des hommes les plus savants et les plus honorables. M. l'attorney-général résume leurs déclarations.

Arrivant à l'opinion émise par le docteur Patridge sur l'effet des prétendus tubercules constatés à la moelle épinière, il la combat vivement et en fait ressortir l'absurdité.

« Un autre, continue-t-il, le docteur Donald, a parlé d'épilepsie compliquée et de tétanos; mais il n'a pas osé soutenir jusqu'au bout son étrange théorie.

« Ainsi, tétanos naturel, angine de poitrine, tétanos traumatique, épilepsie compliquée de tétanos, il faut tout écarter du débat.

« Je n'ai, messieurs, qu'un regret, en terminant cette longue discussion scientifique, c'est de ne pouvoir prendre à partie, après m'être procuré les ouvrages que j'ai sous la main, le docteur Richardson. Je mettrais alors au grand jour l'ignorance et la présomption de ce témoin. Sans doute, mes paroles doivent vous paraître faibles encore, et il faudrait dire, pour être vrai, son intention bien arrêtée de tromper le public, d'égarer le jury : car ses assertions sont en contradiction complète avec ce qui est admis à ce sujet dans le monde médical tout entier.

« Donc, et je crois n'avoir plus besoin de revenir sur ce point, une seule cause me paraît possible au tétanos, c'est la strychnine. »

M. l'attorney-général signale ensuite les contradictions des témoins de la défense. Il fait remarquer que Palmer, c'est un fait acquis au procès, a acheté de la strychnine, et qu'il n'a pu être justifié de l'emploi de ce poison.

Il examine la conduite de l'accusé, et fait ressortir tout ce qui se présente de suspect dans sa manière d'agir durant ses rapports avec le docteur Bamford et le docteur Jones de Lutterworth.

Il rappelle combien William était désireux de faire enterrer avec la plus grande promptitude le corps de son malheureux ami.

Selon M. l'attorney-général, John Parsons Cook est bien mort des suites d'un empoisonnement effectué au moyen de la strychnine, et c'est l'accusé, toutes les circonstances se réunissent pour le démontrer de la manière la plus claire, la plus palpable, la plus évidente en un mot, c'est l'accusé William Palmer qui a lui-même administré le poison.

Que si l'on demande quels sont les véritables motifs qui ont pu porter le docteur de Rugeley à commettre ce crime, il n'est pas indispensable, en effet, de bien expliquer ce point capital.

Des motifs d'intérêt ont pu seuls déterminer Palmer à une action criminelle. La preuve en ressort naturellement de ces 7 à 800 livres sterling que possédait Cook à son retour des courses de Shrewsbury, lesquelles 7 ou 800 livres n'ont pu être retrouvées.

M. l'attorney-général insiste tout particulièrement sur cette dernière circonstance qu'il regarde comme fondamentale, et il poursuit en rappelant au jury la conduite qu'a tenue Palmer après le décès de Cook.

Ses conversations avec les médecins, son anxiété pendant les opérations de l'autopsie, ses démarches suspectes, enfin et surtout la proposition qu'il a faite au postillon de lui donner une somme d'argent pour faire verser la voiture qui portait M. Stewens et briser le vase renfermant les intestins de Cook : voilà autant d'incidents qui viennent se grouper autour de l'accusation pour faire ressortir la culpabilité de l'accusé.

M. l'attorney-général termine ainsi cette réplique si remarquable d'un bout à l'autre :

« Je croyais, dit-il, messieurs, que mon honorable et savant ami, M. Shee, défenseur de Palmer, se serait abstenu de parler de sa conviction personnelle de l'innocence de son client. C'est un point sur lequel sa conscience ne lui faisait nullement un devoir de se prononcer et sur lequel il eût mieux valu peut-être se taire.

« Je suis non moins étonné qu'on ait cru devoir chercher à intimider la conscience de MM. les jurés en annonçant qu'un jour ou l'autre l'innocence de Palmer deviendrait évidente.

« Le défenseur vous a parlé aussi de l'opinion publique, et il vous a dit qu'elle ne ratifierait pas un verdict de condamnation. Je ne sais comment mon savant ami pourra concilier cela avec ce qu'il vous a dit de la pression que cette même opinion a exercée sur le procès de son client, avec les présomptions défavorables dont elle a accablé ce dernier, et dont l'honorable défenseur s'est plaint en termes si éloquents.

« Quant à moi, je vous conjure de ne pas vous en préoccuper, soit que l'opinion publique absolve, soit qu'elle condamne. N'écoutez que les seules inspirations de votre conscience et le sentiment du devoir qui vous lie envers Dieu et envers les hommes.

« Si vous avez la conviction de l'innocence de l'accusé, au nom de Dieu, acquittez Palmer. Si même le doute le plus léger se manifeste dans vos esprits, accordez-en le bénéfice à l'accusé : tel est votre devoir. Mais, d'un autre côté, si les débats, à la satisfaction de vos consciences, amènent vos esprits à une pleine et entière conviction de la culpabilité de Palmer, alors, mais seulement alors, je vous demande, ou plutôt la voix publique vous demande par ma bouche un verdict de condamnation.

« La sécurité de la société l'exige ; elle vous fait un devoir de protéger les honnêtes gens et de punir les coupables. »

Après cette réplique de M. l'attorney-général, le président des assises, lord Campbell, prend la parole.

Il déclare que, dans le résumé qu'il fera de ce grand et important procès, il présentera tous les témoignages de l'accusation et de la défense, et qu'il y ajoutera toutes les observations qu'il jugera nécessaires ou même seulement utiles.

L'heure lui paraissant trop avancée pour commencer cette longue et pénible tâche, il croit préférable de lever la séance et de renvoyer au lundi la continuation de ces interminables débats.

* * *

L'audience du lundi 26 mai semblait devoir être la dernière : aussi le public se montra-t-il encore plus empressé d'y assister qu'aux audiences précédentes.

Dès le matin, une foule immense encombrait tumultueusement les abords de la Cour criminelle.

Il en était de même de l'intérieur de la salle. Il semblait que la curiosité publique fût arrivée à son plus haut période.

Un grand nombre de personnages de distinction avaient voulu assister à cette dernière et suprême séance. Derrière la Cour avaient pris place plusieurs membres des deux chambres, des magistrats de la Cité de Londres et nombre de membres des plus éminents du barreau.

A dix heures précises, la Cour entre en séance.

Palmer est introduit.

Sa figure est excessivement pâle et l'anxiété se peint sur sa physionomie.

Les journaux du matin prétendent que, l'avant-veille, le docteur s'est involontairement laissé aller à manifester quelques symptômes de crainte et d'alarme durant le réquisitoire de M. l'attorney-général.

Il n'en est rien.

Ferme et calme tant qu'a parlé l'éminent magistrat, William Palmer, loin de paraître inquiet, semblait au contraire conserver de l'enjoûment et s'amuser de ce qui se passait autour de lui.

Il aurait même dit, après le réquisitoire, en parlant de M. l'attorney-général :

« Il parle bien, mais il m'attaque fortement. Cependant, il ne faut pas croire que j'aie empoisonné Cook ou toute autre personne. Ce réquisitoire n'est que l'écho des commérages d'une ville de province. »

Puis, il déclarait que sa condamnation était tout à fait impossible; il discutait lui-même la question, pesant jusqu'aux moindres probabilités, jusqu'aux plus petites chances.

Quelqu'un lui ayant dit que son procès était l'occasion de nombreux et gros paris, il avait semblé apprendre cette nouvelle avec le plus grand plaisir.

On pariait, en effet, au Tattersall, avec une ardeur dont on ne saurait se faire une idée. C'est encore un des scandales qu'offre l'Angleterre à ceux qui vont chercher chez elle des études de mœurs.

Le lundi et le mercredi, c'est-à-dire quatre ou cinq jours avant la fin des débats, les paris en faveur de l'accusé étaient de 6 contre 1. Le jeudi, les paris étaient contre lui de 16 contre 1. C'est ce que consignait du moins dans ses colonnes le *Morning Chronicle*.

Un autre journal, le *Weekly Dispatch*, prétendait que dans ces paris étaient engagées des sommes s'élevant au chiffre incroyable de 200,000 livres sterling. La noble feuille daignait trouver de tels paris tout à fait illégaux.

Tout le temps de son séjour en prison, William Palmer s'était constamment montré très-contrarié d'une chose, la conduite de la police à la salle d'audience. On l'exposait régulièrement, en ouvrant la porte toutes les dix minutes, à une nouvelle fournée de curieux, de manière à ce qu'il pût être vu par le plus de monde possible.

Revenons à l'audience du 26 mai.

XII

LE LORD CHIEF-JUSTICE.

C'est, avons-nous dit, une lourde tâche que le résumé du président, d'après les formes judiciaires anglaises.

Après avoir donné lecture de toutes les pièces principales du procès, il lui faut encore commenter ces documents et faire ses observations sur toutes les dépositions écrites et orales.

Lord Campbell s'exprime ainsi :

« Messieurs du jury,

« Il est du devoir du juge qui a présidé ces longs débats d'en faire un résumé impartial.

« Mais je dois, avant tout, vous exhorter à bannir de votre esprit tout ce que vous avez pu savoir de ce procès avant de prendre place sur ces bancs.

« Il s'est produit de si violentes présomptions dans le public, notamment dans le comté de Stafford, que, sur la demande des défenseurs de l'accusé, la Cour du banc de la Reine, aux termes d'un acte du Parlement, a renvoyé le procès devant la Cour centrale criminelle de Londres.

« Ainsi, dans ce procès, l'accusé aura été entouré de toutes les garanties possibles d'impartialité.

« Les témoignages relatifs aux faux billets n'ayant été entendus que pour établir la probabilité des motifs qui ont pu porter Palmer à commettre le crime, ils ne doivent pas exercer une influence défavorable contre l'accusé relativement aux faits matériels de l'empoisonnement.

« J'éprouve une grande satisfaction à pouvoir dire que cette affaire a été expliquée avec le plus grand soin jusque dans ses moindres détails.

« L'attorney-général, c'est-à-dire le premier magistrat judiciaire de la couronne, a soutenu l'accusation d'une manière conforme aux intérêts de la bonne administration de la justice.

« L'accusé a pu préparer et diriger ses moyens de défense de la manière la plus ample, et l'un des membres les plus distingués du barreau de l'Angleterre lui a prêté le concours de son talent et l'autorité de sa parole.

« La question scientifique a été éclairée par des témoignages venus de tous les points de la Grande-Bretagne.

« C'est à vous maintenant, messieurs du jury, à peser avec le plus grand soin tout ce que l'éloquent défenseur de l'accusé vous a dit en faveur de son client; mais que votre conscience ne se laisse jamais influencer par l'opinion personnelle qu'il a exprimée sur l'innocence de Palmer, car un avocat peut se tromper lorsqu'il apprécie l'accusation portée contre son client. »

Après avoir terminé cet exorde, l'honorable lord président passe aux témoignages entendus pour et contre l'accusé.

Ces témoignages sont assez connus déjà pour que nous croyions avec raison pouvoir nous dispenser de les reproduire ici.

Arrivé aux dépositions des médecins entendus dans le cours du procès, lord Campbell s'interrompt et annonce que l'audience est levée et la fin de son résumé renvoyée au lendemain.

Il est huit heures, et le noble lord n'a pas cessé de parler depuis le commencement de la séance.

***

Nous voici à la dernière audience, celle qui doit décider du sort de William Palmer. A celle-là non plus (27 mai), la foule n'a pas voulu manquer, et la salle est de bonne heure envahie par le public, curieux de voir enfin se dénouer le grand drame qui, depuis plusieurs jours, préoccupe si vivement l'opinion dans les trois royaumes.

A dix heures précises, la Cour entre en séance.

Jamais encore les membres du jury n'avaient paru aussi sérieux qu'à cette audience.

Palmer, lui, se montre toujours aussi calme que d'habitude; sa physionomie est impassible.

La veille, tant qu'a duré le résumé du lord chief-justice, il a constamment écouté avec la plus grande attention, et il a pris fréquemment des notes qu'il a fait passer ensuite à son défenseur. Il s'apprête à en faire autant pendant la seconde partie du résumé.

Au moment où lord Campbell va prendre la parole, quelqu'un lui fait observer que Calcraft, le bourreau de la cité de

Londres, vient d'être aperçu dans l'un des couloirs de la salle d'audience.

Sur une observation de l'honorable président, les shérifs font aussitôt éloigner cet homme dont la présence était en effet scandaleuse dans une pareille circonstance.

Lord Campbell reprend alors son résumé à l'endroit où il l'a laissé la veille, c'est-à-dire aux dépositions des médecins dont les témoignages ont été entendus dans le cours du procès.

Il fait ressortir la faiblesse de la défense sur certains points, et notamment sur l'empressement de Palmer à faire enlever le corps de Cook, la disparition du livre où étaient inscrits les paris, les démarches faites auprès du coroner, l'absence d'explication satisfaisante de l'emploi de la strychnine achetée par le prévenu.

Il déclare aux jurés que, dans le cas où la culpabilité de l'accusé ferait doute dans leur esprit, il est de leur devoir d'acquitter.

Dans le cas contraire, ils doivent condamner, et se rappeler le serment qu'ils ont prêté à l'ouverture des débats.

Le noble lord, dont la voix trahit l'émotion, termine en disant :

— Et puisse Dieu vous inspirer un juste verdict !

Au moment où lord Campbell, après avoir analysé les moyens de la défense, a dit que le procès touchait à son terme et a déclaré que, dans son opinion, les moyens de la défense avaient peu produit pour la justification de l'accusé, Palmer a pris sa tête dans ses mains pendant quelques instants, et, lorsqu'il a repris sa première position, on a pu lire sur son visage des traces des émotions violentes que ses efforts ne pouvaient parvenir à maîtriser.

Sur une observation de M. Serjeant Shee dans l'intérêt de la défense, lord Campbell s'adresse de nouveau aux jurés :

— Je fais observer, dit-il, et je rappelle à messieurs du jury que, pour condamner, il faut qu'ils aient la conviction que les symptômes spécifiés s'accordent avec la supposition que le défunt a été tué par la strychnine, et, de plus, que ce poison a été administré par le prévenu.

Il est deux heures vingt minutes. Le jury se retire dans la salle des délibérations.

La Cour se retire également et le prisonnier est emmené.

TROISIÈME PARTIE.

LE CHATIMENT.

I

L'ARRÊT.

Nous avons laissé le jury au moment où il entrait dans la salle des délibérations.

Il était alors, avons-nous dit, deux heures vingt minutes.

D'après la législation anglaise, si différente de la nôtre, la décision d'un jury doit être prononcée à l'unanimité, et les jurés sont tenus de rester dans leur salle particulière jusqu'à ce que cette unanimité ait été définitivement acquise.

Lorsqu'il se produit des convictions inébranlables en sens contraire, la Cour indique un temps moral qui peut varier de quelques heures à quelques jours (cela est exclusivement laissé à la discrétion du jury); après quoi celui-ci est relevé de ses fonctions, et le président des assises renvoie la cause à une autre session devant un nouveau jury.

Tandis que les jurés quittaient la salle d'audience, et que les magistrats eux-mêmes se retiraient, un incident venait augmenter encore l'excitation déjà si vive qu'avaient produite dans l'auditoire les dernières phases du procès.

Le chapelain de la prison de Newgate, le révérend John Davis, introduit par un officier des shérifs dans la salle d'audience, venait, en habit clérical, prendre place derrière le siége des juges.

C'est en effet ce qu'enjoint la loi anglaise, qui veut qu'en cas de condamnation capitale, un ministre de la religion soit présent pour prononcer à la fin de la sentence le mot : *Amen.*

A quatre heures moins vingt-cinq minutes, c'est-à-dire après un peu plus d'une heure et demie de délibération, on annonce à la Cour qui vient de rentrer que le jury est prêt à rendre son verdict.

Les membres du jury reprennent place à l'audience, et le prévenu est en même temps ramené à la barre.

Sa physionomie semble n'avoir rien perdu du calme impassible dont elle était empreinte.

Lorsque les jurés sont assis, un des magistrats, M. Straight, leur pose la question ordinaire :

— Etes-vous d'accord pour votre verdict ? Trouvez-vous l'accusé coupable ou non coupable ?

A quoi le chef du jury répond d'une voix ferme :

— Nous trouvons le prévenu coupable.

Le *harker* (huissier) fait alors la proclamation d'usage, et il ordonne de garder le plus profond silence pendant que l'arrêt de mort va être rendu.

Leurs Seigneuries les juges se couvrent.

En même temps, lord Campbell se tourne du côté de l'accusé, et, s'adressant à lui :

— William Palmer, dit-il, après une procédure longue et impartiale, vous avez, par un jury composé de vos concitoyens, été trouvé coupable du crime d'homicide volontaire, et mes doctes confrères qui ont suivi la procédure avec la plus vive anxiété, ainsi que moi, nous approuvons complétement ce verdict.

« Une semblable affaire est accompagnée de circonstances telles qu'il est douteux que ce soit là votre premier crime : c'est le secret de Dieu et le vôtre !

« Ce qui n'est pas douteux, c'est que, grâce à une longue expérience, vous vous étiez familiarisé parfaitement avec les moyens de donner la mort.

« Il faut maintenant vous préparer à mourir en expiation de ce crime.

« N'attendez ni n'espérez aucune miséricorde en ce monde ; mais, par la prière, demandez votre grâce à un autre tribunal.

« Vous avez, à votre propre requête et en vertu d'un acte spécial du Parlement, été traduit devant cette Cour, et cette Cour a le pouvoir d'ordonner votre exécution, soit sur la place des exécutions de cette prison, soit dans le comté même où le crime a été commis.

« Nous pensons, dans l'intérêt de l'exemple public, qu'il convient que l'exécution ait lieu dans le comté de Stafford, et j'espère que ce terrible exemple détournera d'autres personnes de crimes si atroces, et prouvera que, quelque art, quelque prudence ou quelque expérience que l'on emploie pour prévenir la découverte de tels crimes, et que, quelque secrets ou destructeurs que soient de tels poisons, la Providence a voulu, pour la sûreté de ses créatures, qu'il y eût des moyens d'en découvrir les traces.

« Je vous engage de nouveau à vous préparer au châtiment terrible que vous allez subir. Je ne veux pas déchirer votre cœur par les détails de cet horrible supplice; je me bornerai à prononcer votre arrêt de mort, c'est-à-dire que vous serez transféré de l'endroit où vous êtes à la prison de Newgate, et de là conduit sous escorte à la prison de Stafford, puis de là à la place de l'exécution, pour y être pendu par le cou jusqu'à ce que mort s'ensuive; et puisse le Seigneur avoir pitié de votre âme !

« Après la mort, votre corps sera inhumé dans l'enceinte de la prison dont vous aurez été extrait pour être conduit au supplice. »

William Palmer a entendu cet arrêt sans manifester la plus légère émotion; un instant il s'était levé comme s'il avait voulu présenter quelques observations, mais il n'a pas essayé de prendre la parole.

Tout le temps qu'a parlé lord Campbell, il est demeuré calme, et aussitôt après que Sa Seigneurie a eu fini, il s'est retourné pour sortir de la salle d'audience.

Lord Campbell, avant de se retirer, a remercié le jury ainsi que les sous-shérifs qui avaient si soigneusement maintenu l'ordre pendant toute la durée du procès.

La Cour a ensuite signé l'ordre relatif au transfert du condamné à la prison de Stafford, et tendant à ce que les shérifs présidassent à l'exécution.

Puis lord Campbell a prononcé la levée de l'audience.

Des milliers de curieux stationnaient en dehors du palais, attendant avec impatience pour connaître l'issue de cette cause mémorable.

II

DE CHARYBDE EN SCYLLA.

Si William Palmer avait pu, jusqu'à la dernière audience, conserver quelque doute sur la manière dont se dénouerait pour lui le drame dont lui-même s'était fait l'auteur, les paroles suprêmes de Sa Seigneurie le lord chief-justice n'étaient pas faites, on en conviendra, pour laisser subsister bien longtemps cette faible lueur d'espérance.

Que le résumé de lord Campbell, malgré son effrayante lucidité, que ses conclusions si accablantes pour l'accusé l'eussent laissé calme, n'eussent en rien ébranlé son courage, c'est un fait qui, tout extraordinaire qu'il paraisse, peut se comprendre cependant chez une nature comme celle du docteur de Rugeley; mais que, devant le verdict même qui prononçait sa culpabilité, devant l'arrêt de mort qui, avec une sévérité brutale, le condamnait à être pendu par le cou en expiation de son crime, cet homme ne fût point ébranlé, c'est là ce qui confond la raison humaine, ce que nous-mêmes nous nous déclarons impuissants à expliquer.

Telle était pourtant l'attitude de William Palmer au sortir des débats.

Impassible encore après la défaite comme il l'avait été au milieu de ce long combat qui ne lui permettait pourtant guère l'espérance d'un triomphe, rien ne dénotait chez lui la moindre inquiétude, rien ne laissait percer la plus légère émotion morale.

On eût dit, à le voir, un homme de fer.

Ce fut d'un pas ferme, tranquille, presque insouciant, qu'il se rendit à la prison de Newgate, qu'il allait bientôt quitter pour celle de Stafford.

A peine y était-il depuis quelques instants que le geôlier fit grincer la clef dans la serrure de son cachot.

Deux personnes furent introduites.

L'un de ces visiteurs était le sollicitor du condamné, M. Geremia Smith, de Birmingham; l'autre était son propre frère, George Palmer.

George Palmer était véritablement ému; de grosses larmes coulaient le long de ses joues.

William s'avança vers lui et lui tendit la main en souriant.

— Allons, George, un peu de courage et de fermeté! A quoi bon pleurer? Ne savez-vous pas qu'il y a au-dessus de nous un Dieu qui s'interposera entre moi et le mal? Je suis innocent du crime que l'on m'impute. Que ce soit votre consolation, celle de ma mère et celle de mon fils! Comptez sur ma parole, je ne vous ai jamais trompés, et, quelque coupable que j'aie pu être sous d'autres rapports, il n'est jamais entré dans ma tête de tuer qui que ce soit!

Puis il ajouta en frappant sur l'épaule de son frère :

— Dormez aussi tranquillement que moi; on m'a servi une bonne tasse de thé et une demi-livre de beefsteak. Dites à ma mère et à mon garçon que les dépositions de Newton et d'Élisabeth Mills sont fausses, et que je ne crains pas plus le tombeau que mon lit.

En disant cela, il serrait la main de son frère et celle de M. Geremia Smith.

Après quoi il demanda des nouvelles de son fils.

Lorsque George l'eut assuré que la santé de l'enfant était excellente, le docteur reprit en s'adressant à son frère :

— Dites à Willy que son père a eu bien des peines; mais la moindre de toutes a été l'accusation de meurtre formulée contre lui !

Le moment venu pour les deux visiteurs de quitter la prison, William les reconduisit jusqu'à la porte de son cachot, et, après avoir de nouveau serré la main de M. Geremia Smith, après avoir une dernière fois embrassé son frère :

— Bonne nuit, leur dit-il; Dieu vous bénisse! Que votre âme soit aussi calme que la mienne; pas d'abattement! La déposition de Serry Smith a été très-mauvaise!

Et la porte se referma sur lui, tandis que s'éloignaient les deux visiteurs.

A voir ceux-ci mornes et pleurants, à voir William insoucieux et souriant, on eût, à coup sûr, été fort embarrassé de dire qui de ces trois hommes venait, quelques heures auparavant, de s'entendre condamner à mort.

Le même ordre qui, signé, ainsi que nous l'avons dit, à la fin de la dernière audience, fixait au 14 juin l'exécution du docteur de Rugeley, ordonnait aussi son transfert de la prison de Newgate dans celle du comté de Stafford.

Le soir venu, deux geôliers se présentèrent au cachot du prisonnier et lui annoncèrent qu'ils venaient pour l'emmener.

Ils commencèrent par lui faire quitter ses propres vêtements qu'il dut échanger contre le costume des condamnés.

Puis, lui ayant mis les fers aux pieds, les menottes aux mains, un des deux hommes jeta sur les épaules de William un long manteau, qui l'enveloppa comme un suaire.

L'autre gardien lui tendit une casquette.

Sans doute le docteur crut que tout était fini ainsi, car il fit un pas en avant, comme pour sortir du cachot.

Mais une dernière formalité restait encore à remplir.

Un des geôliers, le même qui lui avait jeté le manteau sur les épaules, lui barra le passage.

William Palmer s'arrêta.

Le geôlier décrocha de sa ceinture deux chaînettes qui y restèrent fixées par une de leurs extrémités, et laissèrent pendre jusqu'à terre deux maillons dont la solidité ne pouvait laisser aucun doute dans l'esprit du condamné, au cas où celui-ci eût conçu quelque espoir d'évasion.

Le geôlier se baissa, ramassa les deux tenons, fixa l'un à la jambe et l'autre au bras de William Palmer; puis, ces précautions prises, la porte du cachot s'ouvrit et livra passage aux trois hommes.

Un cab attendait dans la cour de la prison.

William Palmer y monta avec ses deux gardiens, et le cab s'éloigna aussitôt dans la direction de la station d'Euston, où le condamné devait prendre le chemin de fer du Staffordshire.

Une heure plus tard, on entrait dans la cour de la station.

William Palmer descendit, entra dans la grande salle, puis de là pénétra jusqu'à la plate-forme.

Déjà quelques personnes, qui l'avaient vu à la Cour pendant les débats, avaient pu le reconnaître, et le bruit de son arrivée à la station se répandit en quelques instants.

En un clin d'œil la plate-forme se trouva envahie par la foule, et le condamné devint l'objet de la curiosité générale, malgré les minutieuses précautions qu'on avait cru devoir prendre pour que le fait de son transport fût enveloppé du secret le plus rigoureux.

Au bout de quelques minutes, il se rendit au convoi entre ses deux geôliers qui ne le quittaient pas du regard et qui semblaient deux ombres attachées à ses pas.

La multitude le suivait et ne s'arrêta que lorsqu'on eût fait monter le prisonnier dans le compartiment du milieu d'une voiture de première classe, avec un gardien à sa droite et un à autre sa gauche.

Dès qu'il fut assis, la foule, avide de contempler un homme qui s'était fait une si triste notoriété, entoura la portière.

Mais, au grand désappointement des curieux, on abaissa le store de la glace, et force leur fut de se retirer.

Palmer, que leur présence gênait évidemment, n'avait cependant rien perdu de son sang-froid non plus que de son impassibilité.

Huit heures sonnaient lorsque le convoi se mit en marche.

Si aucun accident ne survenait durant le trajet, on devait arriver vers minuit environ à la prison de Stafford.

III

SERA-T-IL PENDU ?

L'exécution de William Palmer avait été fixée, nous l'avons dit, au 14 juin : c'était donc environ quinze jours de répit, pendant lesquels le condamné pouvait essayer de conjurer la sentence fatale qui pesait sur lui.

Le convoi de Newgate l'avait heureusement transporté à Stafford, en Staffordshire, et ses gardiens s'étaient empressés de l'écrouer dans la prison du comté.

Là, comme à Londres, il conservait ce courage, ce calme qui semblaient inhérents à sa nature.

Chaque jour, il recevait la visite de son frère aîné, le révérend Thomas Palmer, membre du clergé de l'Eglise anglicane, lequel demeurait ordinairement à Colton-Hall, ville du comté de Stafford.

Chaque jour aussi, son sollicitor, M. Geremia Smith, venait communiquer avec lui.

Grâce à son frère, à son avocat, à ses amis, le docteur espérait bien obtenir un sursis d'abord, sa grâce ensuite.

Aucune démarche, du reste, n'était épargnée pour arriver à ce résultat.

Et ce n'étaient pas seulement les parents et les amis de Palmer qui s'intéressaient à lui maintenant. D'autres encore, qui, pourtant, l'eussent vu volontiers pendu au gibet de Staf-ferp, s'employaient pour lui.

Il est vrai que ce n'était pas sa grâce qu'ils voulaient obtenir. Que le premier des désirs de William Palmer se réalisât, c'était tout ce qu'ils demandaient.

S'il eût fallu crier : grâce ! grâce ! aucun d'entre eux bien certainement n'eût bougé ; mais pour le sursis, c'était chose différente : des centaines d'individus élevaient la voix.

Ces gens-là étaient, pour la plupart, des médecins comme il en existe tant en Angleterre, qui s'intéressaient beaucoup moins au condamné qu'à l'opinion qu'ils s'étaient faite pendant les débats sur les questions scientifiques qui avaient servi de base au verdict du jury.

Quelques-uns déclaraient Palmer innocent et réclamaient une nouvelle enquête qui rendrait justice au docteur de Rugeley.

D'autres, en plus grand nombre, adversaires terribles de ces chaleureux partisans du condamné, demandaient de toutes leurs forces qu'il fût pendu, mais après qu'une nouvelle enquête aurait au juste établi ce qu'il y avait de vrai et d'erroné dans les dépositions des docteurs appelés en témoignage pour et contre lui.

Ainsi, le point de départ était différent, différent aussi le résultat ; mais le moyen terme de la proposition était exactement le même. Il fallait à tout prix obtenir un sursis.

Palméristes et *antipalméristes* (telles étaient les désignations que s'attribuaient eux-mêmes les deux camps de l'opinion, pareils en cela aux *verts* et aux *bleus* du *Bas-Empire*), *palméristes* et *antipalméristes* faisaient de leur mieux pour mettre la victoire de leur côté. C'était surtout à Stafford et à Rugeley que ces partis étaient le plus divisés, le plus ardents.

Tandis qu'une députation médicale nombreuse se rendait au ministère de l'intérieur pour demander du temps, le sollicitor Geremia Smith élaborait un mémoire pour faire valoir les puissantes raisons scientifiques, d'après lesquelles il y aurait violation de la justice à exécuter la sentence.

« Les symptômes, y était-il dit, ne prouvent absolument rien. La diversité des symptômes est aussi fréquente dans le tétanos que dans les autres maladies ; et, dans les empoisonnements effectués au moyen de la strychnine, la diversité des symptômes est aussi variable que dans toute autre espèce de tétanos. Les données pathologiques et physiologiques sur lesquelles on a fait reposer l'accusation doivent être rejetées. »

Le docteur Nunnelly, de Leeds, réclamait personnellement contre plusieurs assertions de l'attorney-général. Il soutenait n'avoir pas dit autre chose que ceci :

« La mort de Cook n'est pas due au tétanos idiopathique, ni traumatique, mais à quelque forme anormale de convulsions. Les muscles des animaux empoisonnés à l'aide de la strychnine deviennent flasques immédiatement avant la mort et rigides ensuite. Cette assertion a été confirmée par trois médecins à charge qui ont une expérience personnelle en la matière. »

Une protestation d'une autre nature, qui est bien dans les mœurs des Anglais, tels que nous les connaissons, se préparait sous une forme plus sérieuse et plus originale à la fois.

Un meeting fut proposé, et, comme, en Angleterre, les choses ne traînent pas, lorsqu'elles ont véritablement une raison d'être, la réunion eut lieu à Saint-Martin S.-Hall, dans Longaore.

A peine les portes étaient-elles ouvertes, que la salle de réunion se trouva remplie comme par enchantement.

Des centaines de personnes, n'y pouvant pénétrer, durent attendre en dehors que la résolution du meeting fût arrêtée.

On produisit d'abord une pétition revêtue d'un grand nombre de signatures, par laquelle on demandait un sursis à l'exécution, s'appuyant en cela sur les raisons que nous avons nous-mêmes indiquées précédemment.

Vivement approuvée par une partie des auditeurs, la lecture de cette pétition fut énergiquement repoussée par d'autres, et la discussion, ainsi précédée de cris et de vociférations en tout semblables à des hurlements de bêtes fauves, menaçait de ne pouvoir même commencer, lorsqu'un homme de haute stature s'élança à la tribune afin d'y prendre la parole qu'un autre orateur voulait garder pour lui.

Cet incident augmenta encore le désordre, et l'on fût certainement arrivé aux voies de fait, si l'apparition soudaine d'un policeman n'eût ramené la paix, en contraignant l'usurpateur à se retirer.

Mais cette scène d'indescriptible confusion avait fait diversion. M. Edwards, qui était resté en possession de la tribune, si furieusement convoitée, M. Edwards put expliquer tout à son aise que ni lui ni les promoteurs du meeting n'éprouvaient aucune sympathie pour Palmer, avec qui ils n'avaient jamais eu de rapports, non plus qu'avec ses parents.

« Si la décision du procès, prononça l'orateur, avait satisfait l'opinion publique d'une manière unanime, je serais le premier à déclarer qu'il ne faut rien tenter pour arrêter les effets de la loi, qui est une chose que tout le monde doit respecter. »

Applaudissements dans l'assemblée.

« Mais, continua Edwards, on a conçu des doutes, et l'opinion publique s'est divisée. Des hommes de science, tels que MM. Herepath et Letheby, ont déclaré que, s'ils avaient eu plus de temps, ils auraient pu étudier la question scientifique. »

Nouveaux applaudissements dans l'assemblée.

« J'espère donc, conclut M. Edwards, que l'honorable assemblée me soutiendra, et me fournira le moyen d'obtenir un nouvel examen du procès.

« Un fait récent rend cette mesure nécessaire.

« Le professeur Rogers a fait connaître par les journaux qu'il a retrouvé la strychnine dans le détritus d'un chien empoisonné depuis quatorze mois.

« C'est toujours une chose grave de disposer de la vie d'un homme : cela devient un crime, quand il y a un doute possible sur sa culpabilité.

« Pour moi, je n'ai pas rencontré une seule personne qui ait osé affirmer qu'il y avait une preuve positive de la culpabilité de Palmer. »

De nouveaux applaudissements se firent entendre parmi l'honorable assemblée; mais ils furent, cette fois, mélangés de grognements.

Le grognement est une forme usitée en Angleterre pour manifester le blâme et la désapprobation.

« Quelles que soient, reprit l'orateur, les conditions d'impartialité dans lesquelles on a voulu placer l'accusé, il y a des gens qui pensent que, dans son résumé, lord Campbell a trop pris parti pour l'accusation. »

Des grognements bruyants et prolongés éclatèrent en ce moment au milieu de l'honorable assemblée; mais aucun applaudissement ne vint faire écho.

En véritable Anglais qu'il était, sir Edwards ne se décontenança nullement.

« Je crois, dit-il, que Sa Seigneurie le lord chief-justice est au-dessus de tout sentiment intéressé; mais enfin lord Campbell est faillible comme les autres hommes, et il a pu se tromper dans la manière dont il s'est conduit envers Palmer.

« Je crois, moi, à la culpabilité de l'accusé; mais il y a loin d'une croyance à une certitude, et un homme ne saurait être pendu par le seul fait d'une croyance. »

M. Edwards descend de la tribune au milieu d'une bordée de sifflets capable de rendre l'ouïe à un mort.

Le sifflet est aussi une forme usitée en Angleterre, mais pour manifester l'approbation.

Un nouvel orateur s'élance à la tribune : c'est M. Baxter Langley.

« Honorables gentlemen, dit-il, je propose la résolution suivante :

« Qu'il y a doute sur la question de savoir si, oui ou non, « Cook est mort par la strychnine, et que la société, le pro- « grès de la science, la sécurité de la vie de chaque citoyen « sont intéressés à ce que ce doute soit levé; qu'ainsi le « meeting est d'avis qu'il y a lieu de surseoir à l'exécution de « Palmer jusqu'à ce qu'il ait été expérimenté s'il est possible « de retrouver la strychnine dans tous les cas où la mort est « le résultat de ce poison. »

« Sa Seigneurie lord Campbell, continue l'orateur, a, dans son résumé, pris pour point de départ ce fait que Cook est mort victime d'un meurtre, et alors tout ce qu'a dit lord Campbell au jury a été présenté au point de vue de cette hypothèse. »

Grognements d'une part; applaudissements çà et là.

« Je n'attaque pas le résumé de Sa Seigneurie, explique M. Baxter Langley, parce qu'il n'a pas posé au jury la question de savoir si Cook est ou n'est pas mort par suite de strychnine administrée; mais parce qu'il a constamment supposé que ce poison avait été administré, ce qui est le point douteux de l'affaire.

« Mon opinion est que, si Palmer est exécuté, il mourra pour donner raison à une hypothèse scientifique. »

Grognements sur toute la ligne.

La motion est amendée, soutenue, combattue, enfin adoptée à une imposante majorité.

Un des honorables gentlemen composant le meeting, M. Bridd, qui n'est pas complétement de l'avis de cette imposante majorité, propose d'y insérer, par voie d'amendement, ce restrictif :

« Que le verdict du jury est trouvé conforme au résultat « produit par les débats. »

Mais l'amendement est repoussé, et l'honorable gentlemen, M. Bridd, en est pour son restrictif.

La proposition de M. Baxter Langley adoptée, le meeting se sépara avec cet imperturbable sérieux que les Anglais apportent dans les moindres actes de leur existence.

Et ainsi finit ce curieux meeting qui avait certainement fait beaucoup plus de bruit que de besogne.

— *Much ado about nothing*, comme dit Shakspeare.

IV

SERA-T-IL PENDU ? (*Suite.*)

On peut dire que jamais événement du genre de celui que nous racontons n'avait aussi longuement, aussi sérieusement occupé la flegmatique Angleterre, que le faisait, depuis la fin du procès, la condamnation de William Palmer.

Toutes les têtes des trois royaumes semblaient s'être donné le mot pour ne songer qu'à cette importante affaire.

A peine M. Geremia Smith, de Birmingham, avait il achevé le curieux mémoire dont nous avons parlé, que, sans prendre même le temps de le présenter à qui de droit, le digne sollicitor se rendait auprès de sir George Grey, afin de lui faire une communication d'une haute gravité.

Cette communication portait à la connaissance du noble comte, que le docteur Hall, demeurant dans Bedford-Town, aurait dit à M. Jewett, habitant Church-Street, que, six mois avant la mort de John Parsons Cook, il avait soigné ce jeune gentleman. L'état du malade, au dire du docteur Hall, aurait, à cette époque, été accompagné des mêmes symptômes qui s'étaient présentés à sa mort, et ce médecin avait même craint, ajoutait-il, que Cook ne succombât à cette attaque.

Voilà ce qui, disait-on, avait été confié par le docteur Hall en personne à M. Jerwett. Le sollicitor, M. Geremia Smith, non plus que les parents de William Palmer, ne l'avait point entendu de ses oreilles; car, pour une raison qu'il laissait ignorer, le docteur Hall n'avait voulu, jusque-là, communiquer avec personne de ceux qu'intéressaient ses paroles. Il allait plus loin, et annonçait qu'il ne parlerait que s'il était mandé directement par sir George Grey.

La visite du sollicitor au comte n'avait donc d'autre but que de faire parler le docteur. Fut-il entendu, et, s'il le fut, quelle impression produisirent ses paroles dans l'esprit du comte Grey, c'est ce que nous ignorons complétement.

Le condamné, cependant, continuait de recevoir fréquemment dans sa prison son frère aîné, le révérend Thomas Palmer.

Celui-ci recueillait de la bouche du chirurgien de Rugeley des faits d'une grande importance, qu'il se proposait de publier dans un mémoire, et il espérait que cette publication motiverait infailliblement un sursis.

William Palmer continuait de se proclamer innocent du meurtre de son ami Cook, et, soit qu'il cherchât à opérer une diversion, soit qu'il vît dans de nouveaux débats le moyen de gagner du temps, il demandait instamment à être jugé pour l'empoisonnement de sa femme. Mais le gouvernement semblait fort éloigné d'être disposé à obtempérer à ce désir.

Le 14 juin approchait rapidement, comme tous les jours qu'on redoute, lorsqu'un incident se produisit, qui paraissait devoir apporter un changement total dans le dénoûment de l'affaire Palmer.

Le docteur Wrigthon, un des témoins à décharge dont nous avons fait connaître les dépositions, fit connaître qu'il avait reçu une lettre anonyme destinée à jeter une grande lumière sur les faits qui avaient motivé la condamnation de son confrère de Rugeley.

Cette lettre émanait, à ce que prétendait le docteur Wrigthon, d'une femme qu'il disait demeurer près de Liverpool.

Si la lettre ne mentait pas, une intimité avait naguère existé entre Cook et cette femme, et celle-ci, dans un accès de jalousie, avait touché ce jeune homme avec une flèche imprégnée d'un poison mortel.

Ce fait s'était produit quelques jours avant la dernière maladie de John Parsons.

La prétendue maîtresse du malheureux sportman avait eu de lui deux enfants, et, pour se venger de l'abandon où il les avait laissés, elle avait volé une flèche empoisonnée dans une petite salle appelée Muséum, située à New-Brigthon, chez M. William Rowson, esquire.

De cette flèche elle avait touché le corps de Cook, et celui-ci était mort, trois jours plus tard, empoisonné par le principe vénéneux dont la flèche était imprégnée.

Sa vengeance consommée, la maîtresse de Cook avait fait disparaître dans les eaux du Tipton l'arme qui lui avait servi à l'accomplir.

Telle était l'histoire contenue tout au long dans la lettre anonyme que prétendait avoir reçue le docteur Wrigthon.

Selon toute apparence, il n'y avait là qu'un tissu de fables qui ne méritait aucune créance. Pourtant, à la requête du sollicitor de Palmer, la police crut devoir faire une visite chez M. William Rowson, afin de s'assurer, à tout hasard, de ce qu'il pouvait y avoir de vrai dans cette habile narration.

M. Rowson répondit aux questions qui lui furent faites qu'en effet il possédait bien quelques flèches, qui lui avaient été envoyées des Indes par son frère, il y avait trente ans.

Elles étaient renfermées dans un coffre dont madame Rowson conservait elle-même la clef. Si quelqu'une avait été dérobée, supposition peu probable, c'est ce qu'il était difficile de vérifier, car personne n'en connaissait bien au juste le nombre.

Les flèches furent remises à l'inspecteur Edmond, qui promit de les rendre à leur propriétaire.

Puis, l'affaire en resta là, soit que l'on ne crût pas devoir lui accorder plus d'importance qu'elle n'en paraissait avoir, soit que la fausseté de la lettre fût considérée comme évidente.

De toutes les démarches qui furent tentées en faveur de William Palmer, aucune n'eut un plus heureux résultat.

Dieu, dans sa justice, avait décidé que ce grand coupable devait mourir pour expier son crime, et l'heure approchait, prompte, fatale, où le châtiment allait l'atteindre, sans qu'il lui fût possible d'y échapper.

Les demandes d'un sursis, aussi bien que le recours en grâce, le gouvernement avait tout rejeté.

Désormais, William ne devait plus avoir d'autre préoccupation que celle de se préparer à la mort.

Aussitôt que le public eut appris la décision suprême qui laissait la justice avoir son cours, on ne songea plus qu'à une chose : voir pendre l'empoisonneur.

En Angleterre, la spéculation ne s'endort jamais. Sous ce rapport, Stafford est une ville bien anglaise. Déjà des trains de plaisir avaient été organisés de tous côtés. Des trains de plaisir! et pour voir pendre un homme!...

Décidément, nos voisins d'Outre-Manche sont bien plus forts que nous, et ce n'est véritablement que chez eux qu'on peut voir de pareilles choses!

Donc, Stafford aussi avait voulu avoir sa petite part de spéculation. Plusieurs jours déjà avant le 14 juin, des places avaient été retenues à des prix fabuleux dans le voisinage de la prison pour des amateurs désireux de bien voir l'exécution et de n'en perdre aucun détail.

Le 13 juin, tout Stafford put lire l'avis suivant, affiché par ordre du maire et des magistrats, gens prudents et bien avisés, on ne le saurait nier, sur tous les murs de la cité :

« Demain samedi, afin de maintenir la tranquillité et de prévenir le plus possible les accidents, ordre a été donné à la police d'empêcher que des jeunes gens au-dessous de quatorze ans vinssent se mêler à la foule; les autorités croient encore devoir faire remarquer qu'il serait désirable que les femmes s'abstinssent d'approcher de la prison du comté, afin d'éviter la pression de la foule, qui ne manquera pas d'être très-considérable.

« Le maire et les magistrats avertissent aussi les personnes qui se proposent d'élever des plates-formes ou autres emplacements sur le devant de leurs maisons, destinées à recevoir des curieux, qu'elles doivent en donner avis au maire, le vendredi, veille de l'exécution, avant dix heures, afin qu'il puisse charger le voyer de la ville de s'assurer de leur solidité, et le voyer signera une attestation qui sera placardée sur la construction.

« Le maire et les magistrats préviennent en outre les habitants qu'ils ne doivent pas abandonner leurs maisons sans surveillance, parce que les voleurs de profession saisissent toujours ces sortes d'occasion pour commettre leurs rapines et dévaliser les immeubles.

« Par ordre du maire et des magistrats,

« Charles FLINT, greffier. »

Ainsi tout le monde se préparait pour le grand spectacle du

lendemain; et il n'était pas jusqu'aux voleurs de profession, qui, dans la pensée de l'honorable maire et des non moins honorables magistrats de Stafford, ne dussent, sans doute dans l'intention de donner au condamné des marques toutes particulières de leurs sympathies, profiter de son exécution pour faire porter aux habitants de la ville la peine de leur curiosité.

Mais la touchante sollicitude du maire et des magistrats avait heureusement tout prévu, et messieurs les voleurs de profession n'avaient qu'à se bien tenir!

V

L'EXÉCUTION.

Tandis qu'au dehors le bon public semblait prendre tant d'intérêt aux affaires du condamné, lui-même, hélas! se voyait obligé de dire adieu à la vie.

Il avait quitté la prison de Londres pour celle de Stafford : il allait quitter la prison de Stafford pour le gibet.

Il avait donné la mort : il allait à son tour recevoir la mort.

C'est la peine du talion.

Plusieurs fois déjà, depuis quelques jours, William Palmer avait reçu la visite du révérend M. Goodacre, chapelain de la prison, qui venait, en compagnie de M. Swied, ecclésiastique des environs, apporter au prisonnier les dernières et suprêmes consolations de la religion.

Ce qui se passa alors entre ces trois hommes fut consigné rigoureusement par M. Goodacre sur un journal ouvert à cet effet, journal qui ne fut communiqué qu'aux magistrats. Une seule partie en fut rendue publique; et elle sembla suffisante pour établir que le condamné, avant de monter au supplice, avait fait d'importantes révélations.

Où s'arrêtaient ces révélations, voilà, par exemple, ce que nous ne saurions dire.

Bien que, pendant toute la durée de son emprisonnement à Stafford, William Palmer eût toujours montré une grande fermeté, il paraît que, dans les derniers temps, il ne put s'empêcher de laisser éclater, par moments, de violentes marques de douleur, et qu'il se montra même parfois très-abattu. Cela lui arrivait surtout quand on lui parlait de sa femme, lady Anne, et de son frère Walter.

Tremblait-il à l'idée d'aller les rejoindre, ou bien la mort seule, que rien ne pouvait plus conjurer, causait-elle son trouble? Sans doute cette dernière supposition était la plus vraisemblable, car, malgré ce que rapportait le journal du révérend M. Goodacre, William avait toujours protesté et, jusqu'au dernier moment, protesta de son innocence.

Le chapelain disait avoir conféré avec lui, la veille de son exécution, et lui avoir fait sentir la nécessité de profiter des derniers et courts moments qu'il avait encore à vivre, pour témoigner un sincère repentir des crimes qu'il avait commis.

Le prisonnier, pendant cette exhortation, paraissait très-ému.

Couché sur le lit de sa cellule, il se leva tout à coup, et, se retournant vers le chapelain, il s'écria :

— Ne sera-ce donc pas assez, mon père, pour sauver mon âme, d'avouer ce crime (il voulait parler de l'empoisonnement de Cook)? Faudra-t-il encore avouer le meurtre de ma femme et de mon frère?

Surpris de cette brusque demande du prisonnier, le chapelain lui demanda s'il devait comprendre qu'il avouait avoir commis ces deux crimes?

Le docteur ne fit pas de réponse. Il poussa un profond et douloureux soupir, cacha sa tête sous les couvertures de son lit, et pleura amèrement.

Le lendemain était le jour fatal fixé pour l'exécution.

L'œuvre de mort devait se consommer à huit heures du matin dans la prison du comté.

Il était cinq heures environ lorsque Palmer se réveilla, après avoir dormi pendant à peu près l'espace de deux heures et demie d'un sommeil tranquille et bienfaisant.

Au moment où le révérend M. Goodacre entra dans sa cellule, entre cinq et six heures, le condamné était occupé à prendre du thé, mais sans rien manger. Il s'entretint quelques instants avec M. Goodacre et avec M. Swied, qui revinrent de temps en temps pour le voir avant l'heure de l'exécution.

Quelques instants plus tard, vers sept heures, le guichetier de la geôle étant entré, Palmer le pria de lui donner une autre tasse de thé. Le guichetier lui demanda comment il allait; il répondit qu'il était tout à fait bien.

Sur le point de quitter sa cellule pour n'y plus rentrer, il déclara, en réponse à une interrogation du haut shérif, que sa condamnation était injuste et qu'il allait mourir victime d'une erreur judiciaire.

Ce furent à peu près les dernières paroles qu'il prononça.

La cloche de la prison sonnait alors comme un glas sinistre l'heure de son irrévocable sentence.

Sa toilette achevée, et elle n'était pas longue à faire, car les vêtements qu'il portait pendant son procès étant restés à Londres, on allait être obligé, contrairement à tous les usages, de le pendre avec le costume de la prison, un habillement de couleur grise très-simple; sa toilette achevée, disons-nous, on le fit sortir de sa cellule.

Et alors commença la lugubre procession du cachot au lieu de l'exécution, procession que rendait plus lugubre encore le glas de la cloche qui tintait toujours son chant funèbre dont chaque note faisait écho dans le cœur du condamné.

Son attitude en ce moment suprême étonna tous ceux qui purent le voir. Il s'avançait gaîment, et, bien que la distance à parcourir fût assez considérable, il conserva jusqu'au bout son attitude ferme.

En arrivant sur la place où se dressait le sinistre gibet, Palmer fut accueilli par une assourdissante bordée de malédictions, de huées, de jurements, d'exécrations, de cris perçants et de sourds grognements poussés par la foule, transportée de fureur.

C'étaient de bruyantes clameurs, d'insultantes menaces, des hurlements à faire trembler.

La populace, ivre de rage, brisait l'air de ses cris.

— Meurtrier! assassin! empoisonneur! tuez-le!

Telles étaient les imprécations qui sortaient de toutes les bouches.

Les ouvriers des usines à charbon paraissaient surtout surexcités jusqu'à la folie. Nul doute que, s'ils se fussent sentis assez forts, ils n'eussent écharpé le prisonnier.

Celui-ci, cependant, continuait de se montrer calme et maître de lui-même. On eût dit que tout ce tumulte ne le regardait pas et que ces effrayantes clameurs s'adressaient à un autre.

Lorsqu'il fut au pied de l'échafaud, il monta d'un pas léger, ferme en même temps, les marches de l'escalier conduisant à la plate-forme, se plaça de lui-même sur la bascule et se mit à regarder, non sans quelque émotion, mais sans affecter aucun air de bravade, la foule immense qui grouillait à ses pieds, sous ses yeux, houleuse et menaçante comme l'Océan aux jours de ses colères.

Cinquante mille personnes étaient là, attendant que cet homme se balançât au bout d'une corde, avides de surprendre sur son visage les dernières convulsions de la mort, et retenues seulement dans le bon ordre par un détachement de police, assisté de trente constables spéciaux.

Après que le condamné eut fait avec le révérend chapelain sa dernière et courte prière, l'exécuteur s'approcha de lui.

C'était un nommé John Smith, de Dudley.

Calcraff, le bourreau de Londres, avait voulu le voir à l'œuvre, et il avait quitté Londres pour venir à Stafford assister à l'exécution. Il se tenait non loin de l'échafaud et suivait de l'œil tous les mouvements de son confrère en pendaison.

John Smith s'approcha de William Palmer, lui passa la corde autour du cou et abaissa le bonnet noir sur son visage.

William Palmer tourna vers son bourreau sa figure ainsi voilée, lui donna une poignée de main, et lui dit à voix basse et d'un ton doux et affectueux :

— Dieu vous bénisse!

A peine il proférait le dernier mot, que la cheville était enlevée, la bascule s'abattait, et, après une légère convulsion des membres, le corps du supplicié restait suspendu au gibet, inerte et sans vie.

Tout avait été si bien arrangé, disait à ce propos un journal anglais, le *Globe*, la fatale corde avait été si soigneusement ajustée, et la bascule est tombée si promptement, que la mort a été instantanée.

Et, de fait, John Smith, de Dudley, s'était distingué. Et Calcraff, tout honteux, cachait son visage pour ne pas voir le triomphe de son confrère!

Le corps resta suspendu pendant le temps accoutumé; puis on le détacha et on le porta dans l'intérieur de la prison.

Dès qu'il y eut été déposé, — on ne perd pas de temps en Angleterre, — M. Bridges, de Liverpool, s'empressa de prendre sur-le-champ une empreinte de la tête, et il déclara que, phrénologiquement, elle était décidément mauvaise.

Dieu vous garde, lecteur, des phrénologistes!

Le corps de William Palmer fut ensuite, conformément à la lettre même de la sentence, enterré à Stafford, dans l'enceinte de la prison.

VI

OU LE LECTEUR A LE CHOIX ENTRE LES MOTS : ÉPILOGUE ET CONCLUSION.

Si le procès de William Palmer était à nos yeux un procès ordinaire, un de ces bons procès vulgaires et insignifiants, comme on en voit tous les jours se dénouer en cour d'assises, nous nous arrêterions ici.

Après avoir, ainsi que nous l'avons fait, raconté la condamnation du docteur, puis sa mort, nous laisserions tranquillement le lecteur fermer ce livre, sans nous inquiéter davantage des pensées que pourrait lui suggérer notre récit ou des mauvais rêves évoqués, la nuit, par son imagination troublée.

Mais qu'on se rassure, telle ne sera pas notre manière d'agir. Outre que la politesse nous fait un devoir de ne pas quitter le lecteur sans lui tirer notre révérence, nous éprouvons nous-même le besoin de nous appesantir sur quelques remarques intéressantes.

Ainsi, nous avons entendu des personnes fort sensées nous dire que c'était un fait par trop étrange de voir le président des assises, lord Campbell, faire par avance au condamné la description détaillée de ses derniers moments.

Cette espèce de complainte anticipée, qui effarouche nos oreilles françaises et répugne à nos habitudes, semble tout d'abord un acte de cruauté commis à plaisir, comme qui dirait une arme qu'on s'amuserait à retourner dans une blessure, pour prolonger le supplice de la victime.

Il n'en est pas ainsi.

Et, il faut bien l'avouer, si nous ne comprenons pas toute la nécessité de ce renseignement fourni au condamné par le président des assises, renseignement qui lui donne la certitude que son corps sera, immédiatement après l'exécution de la sentence, inhumé dans la prison; si, encore une fois, nous ne comprenons pas cela, c'est que nous ignorons l'excessive différence qui existe entre la procédure anglaise et celle de notre pays.

La justice de nos voisins, qui prend toujours grand soin de ménager l'âme du coupable, ne se pique pas d'autant de respect pour son corps. Si l'on veut se convaincre de cette vérité, on n'a qu'à lire la formule suivante, qui, à force d'être usitée, est devenue de style dans presque toutes les sentences de mort rendues en Angleterre.

« La Cour ordonne que vous soyez conduit du lieu où vous êtes à la prison de la ville et de là, le *tel jour*, au lieu du supplice, que vous y soyez pendu par le cou jusqu'à ce que mort s'ensuive et que votre corps soit ensuite livré à la dissection.

« Que Dieu ait pitié de votre âme! »

Voilà en quelques lignes l'énoncé du supplice; puis, en quelques mots, les ménagements dus à l'âme. A chacun sa part; au corps les tourments, à l'âme la pitié de Dieu.

Et la justice est satisfaite.

Mais le condamné? Croyez-vous qu'il soit bien heureux de savoir qu'au lieu d'être *inhumé* comme tout le monde, et de reposer en paix dans le silence du cimetière, son cadavre mutilé sera emporté parmi d'autres cadavres et *disséqué* par des carabins qui, sans pitié ainsi que des enfants terribles, riront et plaisanteront au souvenir du pendu?

On a beau dire, ce n'est pas là une perspective fort attrayante. Et puis, si l'on n'a pas eu de respect pour la personne de son prochain, on s'estime beaucoup trop soi-même pour aimer à s'entendre dire qu'on sera, sans façon, disséqué après sa mort. Quel criminel ne préférerait pas être traité avec un peu plus de cérémonies?

Sans doute, on comprend maintenant que, pour un Anglais, rien n'est moins oiseux que d'apprendre qu'il sera enterré. C'est pour lui une faveur, un privilége; bien plus, c'est une consolation. Nous ne craignons donc pas de nous compromettre, en avançant que sir William dut être ravi d'apprendre le sort qui lui était réservé.

Il s'est produit, à l'époque de cette mémorable affaire, une de ces coïncidences étranges qu'on ne peut s'empêcher de remarquer et qui semblent inexplicables, coïncidences qui, du reste, se reproduisent beaucoup plus souvent qu'on ne serait tenté de le croire.

A peine l'émotion produite en Angleterre par le procès de William Palmer s'était-elle calmée, qu'une nouvelle accusation d'empoisonnement par la strychnine était portée contre un riche propriétaire de la ville de Leeds, nommé William Dove.

Comme Palmer, il avait empoisonné sa femme, âgée de vingt-sept ou vingt-huit ans. Et l'infortunée avait expiré au milieu de convulsions analogues en tout à celles qui avaient accompagné la mort de John Parsons Cook.

Un journal de Londres résume ainsi les détails de ce drame qui dut rivaliser avec celui de Palmer, si l'on en juge par l'intérêt qu'il excita, dès le début, à Leeds et dans le comté d'York, où s'ouvrirent les débats du procès :

William Dove demeurait, avant son arrestation, dans le village de Burley, près de Leeds, et il y jouissait d'une réputation excellente, que rien n'était venu encore ébranler.

Dans le courant du mois de décembre, madame Dove se

sentit incommodée, et l'on fit appeler un chirurgien de Leeds, M. Morley, qui lui donna ses soins.

Les symptômes de la maladie révélaient des douleurs de l'estomac et un trouble du système nerveux. Rien cependant n'annonçait encore des désordres organiques qui pussent faire craindre une maladie sérieuse.

Grâce aux soins intelligents du docteur Morley, la santé de madame Dove alla chaque jour s'améliorant; mais, en février, elle éprouva tout à coup une rechute et se trouva beaucoup plus mal.

Le 23 de ce même mois, M. Dove offrit à sa femme un peu de gelée. Mais à peine elle l'eut goûtée, qu'elle se plaignit de son amertume et dit à son mari :

— William, n'avez-vous rien mis dans cette gelée? Je la trouve bien amère.

Dove lui répondit :

— J'y ai mis un peu de la médecine qui a été ordonnée par le docteur.

Le lendemain, qui était un dimanche, la jeune femme ne put aller à l'église.

Le lundi, elle déjeuna avec son mari.

Une demi-heure après elle se sentit prise d'une violente attaque spasmodique; son corps se mit à trembler comme s'il eût été sous l'influence d'un choc galvanique.

Le 29, c'est-à-dire quatre jours plus tard, tandis que William Dove était avec sa femme, elle eut une nouvelle attaque plus violente encore; sa respiration était difficile; tout son corps devint rigide, et l'on observa des élancements involontaires et de plus en plus rapprochés.

Madame Dove demanda à son mari de lui verser à boire.

Il alla prendre un verre à vin, y versa quelque chose, le présenta à la malade, et lava le verre immédiatement.

A peine madame Dove avait-elle bu, qu'elle s'écria :

— Oh! mon ami, que cela est mauvais et brûlant! C'est très-amer.

Quelques minutes plus tard, elle fut prise de spasmes violents; elle poussa des cris; ses yeux devinrent fixes; elle serrait fortement les mains des personnes qui l'entouraient; tout son corps devint complétement rigide; puis il se courba en demi-cercle, de façon qu'il s'appuyait seulement sur la tête et sur les pieds.

Madame Dove resta dans cet état et mourut une ou deux heures plus tard.

Malheureusement pour William Dove, le docteur Morley eut des soupçons sur la nature de la maladie à laquelle la jeune femme venait de succomber, soupçons qui s'accrurent encore lorsque le docteur se fut assuré que Dove s'était, à deux reprises différentes, procuré de la strychnine à son officine.

Une autopsie eut lieu.

Les médecins, MM. Nunneley et Morley, constatèrent que le corps de la victime contenait de la strychnine, et ils attribuèrent en conséquence la mort à l'empoisonnement.

Ils ajoutèrent que, dans leur pensée, la strychnine avait dû être administrée au moins en quatre fois, et, chaque fois, à la dose de plusieurs grains.

William Dove reconnut qu'il s'était procuré du poison; mais il soutint que c'était pour détruire des chats dans sa maison. Etrange moyen de défense!

Au reste, il était fort difficile de déterminer quels motifs avaient pu l'amener à commettre un pareil crime; car il vivait avec sa femme dans de très-bons termes et avec toutes les apparences d'une tendre affection.

Tel est ce fait, que nous avons cru devoir raconter tout au long, parce qu'il présente un grand rapport de ressemblance avec le cas de William Palmer, et qu'il est une preuve de ces coïncidences dont nous parlions tout à l'heure.

Il est remarquable, en effet, que chaque fois qu'on voit se produire dans la société quelque crime qui dépasse, par la manière dont il a été conçu ou exécuté, les bornes de l'ordinaire, on est à peu près certain de voir ce même crime se reproduire à peu de distance de là sous une forme plus ou moins analogue.

Quelle peut être la cause de cette bizarrerie? Nous ne saurions le dire. Peut-être faut-il l'attribuer à l'esprit d'imitation inhérent à certaines natures, pour lesquelles le mauvais exemple a un attrait fatal, irrésistible?

Voici un autre exemple.

C'est dans les assurances sur la vie qu'il faut, encore une fois, comme dans le cas de William Palmer, chercher le mobile du crime.

Le *Morning Post* en rendait compte en ces termes :

« Le bruit s'est répandu à Balton, mercredi matin (cet événement se produisait deux mois environ après l'exécution du docteur de Rugeley), que M. Daniel Mac-Mullen était mort à deux heures du matin, et que sa femme, soupçonnée de l'avoir empoisonné, aurait été arrêtée.

« Ce bruit paraît s'être vérifié.

« Le motif de ce crime serait que la vie du défunt et de sa femme auraient été assurées, il y a dix-huit mois, la prime étant payable à la mort de l'une des deux personnes.

« M. Mac-Mullen, étant tombé malade, avait appelé son médecin.

« Ce dernier fut frappé des symptômes qui se manifestaient chez le malade, et en l'examinant avec attention, il fut convaincu de la présence du poison.

« Du thé préparé par madame Mac-Mullen fut soumis à l'analyse chimique, et l'on y découvrit de l'antimoine tartrique.

« Les médecins, s'étant assurés que le malade ne pourrait pas guérir, crurent devoir avertir le chef de la police.

« Ce dernier arrêta madame Mullen, qui lui avoua immédiatement avoir administré à son mari une poudre vendue par quelques droguistes sous le nom de *quietness* (tranquillité), dont la vertu était de débarrasser de l'ivresse et d'autres mauvaises qualités; mais elle n'en aurait pas donné à son mari depuis huit jours.

« Elle indiqua un droguiste, M. Simpson, qui lui aurait vendu cette poudre, dont il donna une certaine quantité dans laquelle l'analyse a découvert de l'antimoine tartrique; mais il prétendit qu'il ne la vendait jamais qu'avec la condition formelle de n'employer la quantité fournie qu'en quatre doses.

« Madame Mac-Mullen est la fille d'un commerçant respectable, dont la famille est plongée dans le plus profond désespoir par ce malheureux événement. »

Nous n'avons pas besoin d'appuyer la valeur de ce document par de nouveaux commentaires : les faits sont toujours plus éloquents que les meilleurs raisonnements. Les rhéteurs seuls disent le contraire : c'est affaire de métier.

Un détail fort curieux est ressorti du procès Palmer; il contient en lui-même la preuve que l'empoisonnement n'est pas en Angleterre un fait isolé, mais qu'il jouit bien au contraire, dans ce pays, d'une grande considération, au moins dans la pratique.

Le docteur Taylor a déclaré devant le jury d'enquête qu'il recevait, bon an mal an, de cent à cent cinquante plaintes confidentielles au sujet d'empoisonnements commis dans les familles.

Quelle injure qu'un pareil aveu pour toute une civilisation!

L'empoisonnement, dit à ce propos un journal de Londres, n'est pas la seule forme du crime, et M. Palmer n'est pas le seul *gentleman* que compte la Grande-Bretagne.

Nous pouvons ajouter et nous ajoutons que, sous ce rapport, la Grande-Bretagne n'est nullement privilégiée ; la France et nombre d'autres contrées non moins civilisées possèdent en effet un certain nombre de *gentlemen* tout aussi instruits et tout aussi forts sur le poison que le chirurgien de Rugeley.

Parlons maintenant d'autre chose.

Les Anglais, gens sérieux s'il en fut jamais, ont traité l'exécution de Palmer comme une véritable fête nationale. Qui le croirait ? des *trains de plaisir*, la chose vaut la peine d'être consignée ici en toutes lettres, des trains de plaisir avaient été organisés pour aller voir pendre cet homme sur la place de Stafford, et il paraît qu'il fut pendu à merveille. La foule, du moins, ne perdit pas son argent.

Aussi, à partir de ce moment, Smith, de Dudley, dont cette exécution était l'œuvre, au grand désespoir de Calcraff, le bourreau de Londres, qui se fût volontiers pendu, s'il en eût eu le courage, Smith fut à la mode. Les journaux anglais, le *Times* en tête, exaltèrent son courage et sa dextérité ; le *Globe* alla plus loin que ses confrères dans ce *steeple-chase* d'éloges : il fit de l'exécution de Palmer un compte-rendu des plus pittoresques, et, au sujet de Smith, justifia toutes les louanges prodiguées à cet *artiste* en exécutions.

Si quelque chose a droit de nous étonner, c'est qu'il ne se soit pas trouvé alors en Angleterre un homme avide d'excentricités, qui se soit fait empoisonneur pour être pendu par cet adroit Smith.

Disons ensuite que les magistrats de Stafford n'avaient point voulu, en cette occurrence, rester au-dessous de leur tâche.

Dans la prévision d'un encombrement immense, les précautions les plus sages avaient d'avance été prises. Les barrières et les constables avaient été multipliés sur tous les points où devait se porter la foule. Une ordonnance municipale avait pris soin d'exclure du nombre des spectateurs les enfants au-dessous de quatorze ans.

Cette mesure, dit un de nos confrères, journaliste spirituel autant que profond, auquel nous empruntons ces détails, eût fait une révolution dans nos villes du Midi, où l'on a l'habitude, au contraire, de conduire aux exécutions tous les enfants du peuple aussitôt qu'ils peuvent marcher.

Et pourquoi faire, s'il vous plaît?

Pour souffleter et battre ces enfants au moment même du supplice.

Cela produit un concert de cris et de lamentations qui sont comme l'accompagnement de cette expiation humaine qui s'accomplit sur l'échafaud.

Si par hasard vous demandiez à ces braves gens pourquoi ils maltraitent ainsi ces innocentes créatures, ils vous répondraient ceci :

— Nous battons ces enfants pour qu'ils se souviennent de ce qu'ils voient, et pour que cette impression, en se gravant dans leur mémoire, les préserve des crimes qui aboutissent à l'échafaud.

— Mais, maladroits professeurs, vous ne songez donc pas que les enfants se souviendront sans doute de cette justice en action dont vous les faites les témoins, mais qu'ils se souviendront bien mieux encore de l'injustice dont vous les rendez les victimes ; or, rien ne fait plus de ravages dans une jeune imagination que le sentiment d'une injustice qu'on a subie.

Vous leur diriez cela et bien d'autres choses encore, que l'usage n'en irait pas moins son train.

Envisagée par son côté étroit, cette coutume repose sur une pensée profondément vraie : c'est que la souffrance est la meilleure institutrice du genre humain. Les impressions que la joie apporte passent vite ; celles que la douleur accompagne restent toujours. C'est dans la douleur que naissent les enfants : c'est dans la douleur aussi que germent les idées et que fleurissent les vertus.

Nous parlions, il n'y a qu'un instant, de l'intérêt excité par le procès Palmer chez nos voisins d'Outre-Manche. Les journaux anglais de l'époque rapportent, disions-nous, que des *trains de plaisir* furent alors organisés pour transporter les *amateurs* sur le théâtre du crime.

Un nombre considérable de voyageurs alla visiter la maison de Palmer, celle de sa mère et la tombe de John Parsons Cook.

Deux ifs, qui en marquaient la place, furent dépouillés de toutes leurs feuilles par des pèlerins affamés de reliques.

Dieu sait si le conservateur des ifs, séduit par la perspective d'une excellente spéculation, ne changea pas plus d'une fois les ifs, afin de multiplier le nombre des reliques. La canne de Voltaire a tant fait des siennes, ainsi que le premier câble sous-marin, qu'il est bien permis de se dépouiller de toute illusion à l'égard des ifs de Palmer.

L'Angleterre a bien prouvé en cette occasion que, sous le rapport du fanatisme, elle en avait à nous revendre. Voici une anecdote que nous retrouvons dans notre mémoire comme une preuve vivante de notre assertion. C'est Figaro, le spirituel barbier, qui parle par la bouche de son correspondant de Londres :

— Vous savez qu'ici on ne rit que sur des tombeaux. C'est toujours la scène d'*Hamlet* ; — les Anglais ont la plaisanterie lugubre. — Écoutez donc ceci non sans terreur : il s'agit encore de Palmer.

Le jour même de son exécution, arrive à Rugeley un gentleman très-pincé. Il va droit à l'hôtel où était mort Cook, la victime de Palmer.

— Hôtelier, dit-il, c'est ici qu'est mort Cook?

— *Yes, sir.*

— Ici qu'il a couché?

— *Yes, sir.*

— Et qu'il a pris son dernier repas?

— *Yes, sir.*

— Hôtelier, je veux, ce soir, coucher dans la chambre où il est mort.

— *Very well, sir.*

— Mais je veux avoir les draps qu'il avait.

— *Very well, sir.*

— Je veux avoir ses pantoufles et son tire-bottes.

— *Very well, sir.*

— Hôtelier, qu'a-t-il mangé à son dernier repas?

— *Roastbeef, sir.*

— Donnez-moi du roastbeef.

— *Yes, sir.*

— Donnez-moi aussi la cuiller et le couteau dont il s'est servi.

— *Very well, sir.*

— Et mettez-moi à la place où il a mangé.

— *Will the gentleman take a little arsenic and strichnine?*

(Monsieur veut-il prendre un peu d'arsenic et de strychnine ?)

— Non ; mais mettez-en un peu sur une assiette, devant moi.

— *Yes, sir.*

— Ah ! hôtelier, vous n'auriez pas son cure-dents?

— *Yes, milord, a family tooth pick... since M. Palmer's accident we trust it to nobody.* (Si fait, milord ; mais c'est un cure-dents de famille... Depuis l'accident de M. Palmer, nous ne le confions plus à personne.)

Tout cela est de la plus scrupuleuse exactitude, et, de la fenêtre de la chambre où Cook était mort, notre gentleman, le lorgnon dans l'œil, épiait, le lendemain matin, les dernières convulsions de la mort chez l'assassin de John Parsons Cook.

Ce tavernier, un heureux coquin, n'avait trouvé que bénéfice dans l'*accident*, comme il disait, de M. Palmer.

C'était chez lui qu'avait eu lieu l'ouverture du cercueil de Walter Palmer.

Or, le jury, en rendant le verdict aux termes duquel Walter Palmer était mort empoisonné, déclara que, à son avis, une indemnité était due à l'aubergiste pour l'opération qui s'était faite en sa maison.

Le chef de la police prit immédiatement la parole et déclara qu'il prendrait de préférence cette taverne pour y donner un banquet.

Le moment était bien choisi.

Voyez-vous d'ici les convives portant, au dessert, un toast à l'innocence, et le tavernier riant dans sa barbe et, tout en comptant son gain, buvant sans vergogne à la santé des empoisonneurs?

Franchement, j'aime mieux l'aubergiste de Wilmslow.

Voici la copie d'une étrange affiche placardée avec profusion aux courses de Wilmslow par cet honorable industriel.

COURSES DE WILMSLOW.

John Fletcher, tenant l'hôtel de la Couronne, a le plaisir d'annoncer à ses nombreux amis et aux personnes qui viendront aux courses de Wilmslow, qu'il s'est assuré les services de John Smith, de Dudley, qui a exécuté William Palmer à Stafford.

Il leur annonce aussi qu'il a été assez heureux pour se procurer, par l'entremise d'un ami, le moule exact des traits et de la physionomie du condamné, ce qui lui permet de reproduire le criminel avec le costume qu'il portait le matin de l'exécution.

Il sera dressé un échafaud avec sa poutre, sur lequel des hommes loués exprès et exercés par avance reproduiront deux fois, chaque jour des courses, les détails de cette mémorable exécution, à dix heures et à midi.

Prix d'entrée : 1 shelling 6 deniers par personne, valables en consommation.

A la même époque, on lisait dans les journaux des annonces ainsi conçues :

« L'*Observateur*, de Bradford, prévient ses lecteurs que Smith, l'exécuteur qui a supplicié William Palmer à Stafford, se fera voir au public à la prochaine foire de Leeds. »

Qu'en dites-vous, lecteur? L'affiche du tavernier de Wilmslow et l'annonce de l'*Observateur* de Bradford ne vous représent-elles pas le sublime du genre? Et par qui eussent-elles été inspirées, sinon par le génie même de la spéculation?

Après des documents de cette force, il ne nous reste plus rien à ajouter, si ce n'est que chacun doit maintenant reconnaître qu'il nous était impossible de lui mettre sous les yeux une cause célèbre qui, mieux que le procès du docteur William Palmer, pût lui donner une idée exacte des mœurs judiciaires de la Grande-Bretagne.

Il nous suffirait, si nous avions à compléter sous ce rapport l'éducation du lecteur, il nous suffirait, disons-nous, de lui conseiller la lecture de deux procès d'une haute importance, consignés, il y a quatre ans, au *Journal des Débats*, par la plume spirituelle d'un journaliste bien connu, M. John Lemoine. Nous écrivons, c'est lui qui raconte.

Le grave et tendre Racine, quand il fit les *Plaideurs*, se crut obligé d'avoir recours à une précaution oratoire :

« Si j'appréhende quelque chose, dit-il dans sa préface, c'est que des personnes un peu sérieuses ne traitent de badineries le procès du chien et les extravagances du juge. Mais enfin je traduis Aristophane, et l'on doit se souvenir qu'il avait affaire à des spectateurs assez difficiles : les Athéniens savaient apparemment ce que c'était que le sel attique, et ils étaient bien sûrs, quand ils avaient ri d'une chose, qu'ils n'avaient pas ri d'une sottise. »

Pour notre part, nous avions toujours cru que la comédie des *Plaideurs*, que Dandin jugeant par la fenêtre de la cave, que la comparution des petits chiens venant répandre leurs larmes, enfin que toute cette parodie tant soit peu irrévérente des formes de la justice, n'étaient qu'un jeu d'esprit rentrant dans la catégorie de ce qu'on appelle vulgairement « la charge. » Mais si Racine avait pu assister à quelques procès qui ont été portés, la semaine dernière, devant les cours d'assises de nos sérieux voisins les Anglais, assurément sa conscience timorée eût été mise en repos, et il ne se fût fait aucun scrupule de reproduire Aristophane sur une scène moderne.

Nous prions nos lecteurs de croire que nous n'inventons rien, et que nous ne nous permettons aucune licence d'imagination.

Les chefs des grandes cours de justice d'Angleterre font tous les ans une tournée, ce qu'on appelle en anglais « un circuit », pour aller tenir les assises dans les provinces.

Les assises de Warwick étaient présidées cette année par lord Campbell, un des législateurs les plus considérables de la Grande-Bretagne, ancien chancelier d'Irlande, membre de la chambre des lords et de la cour suprême, et président de la première cour de justice du royaume, le Banc de la Reine.

En cette première qualité, lord Campbell a eu à juger la plainte d'un jardinier mordu à la jambe par deux petits chiens.

Ces deux coupables se trouvaient appartenir à un révérend ministre de l'Église, qui n'avait pas voulu donner à la victime une indemnité suffisante; de là le procès.

Mes deux individus s'appellent *Poivre* et *Moutarde*.

Tous ceux qui ont lu le *Guy Mannering* de Walter Scott se rappelleront que c'était le nom de deux chiens appartenant au fermier Dandie Dinmont, et d'une fameuse race en Écosse.

L'avocat du plaignant, qui s'appelle non pas Petit-Jean, mais Bittleston, expose que son client passait tranquillement sur la voie publique, lorsque Poivre et Moutarde, qui étaient avec la femme du curé, se jettent sur ses jambes, l'un par devant, l'autre par derrière, et se mettent, sans aucune provocation, à le mordre à belles dents.

L'avocat dit que les deux chiens ont été cités à comparaître devant la cour.

Les deux chiens sont placés sur la table.

Ce sont deux jolis chiens de race écossaise.

Le plaignant, le mordu, vient déposer sa plainte.

Il raconte qu'il a été mordu à la cheville; que la femme du vicaire lui a dit qu'elle était bien fâchée; ce qui ne l'a pas guéri. Il s'est fait soigner pendant plusieurs semaines, et la note du médecin s'est montée à 3 l. 15 sh. (95 fr.). Le vicaire lui a donné pour toute indemnité une demi-couronne (3 fr.).

Quelques témoins sont entendus, et leurs dépositions tendraient à confirmer l'acte d'accusation, qui dit que Poivre et Moutarde « ont l'habitude de mordre l'espèce humaine. » Mais, par malheur, les deux prévenus se conduisent devant la cour d'une manière exemplaire, et, s'ils ne sont pas les plus aimables, il faut qu'ils soient les plus hypocrites des animaux.

Leur avocat, qui s'appelle non pas l'Intimé, mais Hayes, prend leur défense en ces termes, que nous citons textuellement.

« Je rappellerai au jury que mon client est accusé d'avoir des chiens d'une nature féroce et agressive. Mais ces animaux sont ici, devant la Cour, et certainement jamais on n'a vu de chiens plus aimables et de meilleure humeur, car ils ne font que remuer la queue, ce qui est un signe tout à fait incompatible avec la férocité.

« Le mal qu'ils ont fait était pour jouer.

« Si d'après cela on devait les déclarer féroces, que deviendraient toutes les dames? Il faudra qu'elles se débarrassent de leurs chiens, et alors elles-mêmes que deviendront-elles?

« Dans toutes les maisons, comme dans toutes les promenades, vous verrez les dames avec leurs petits chiens; et si, parce qu'un passant aura sa culotte déchirée par hasard, vous voulez leur faire proscrire leurs petits terriers écossais qui ont remplacé les roquets et les épagneuls, et qui se partagent leur faveur avec ces petites choses qu'on veut bien appeler des chapeaux, alors, je le demande, que deviendra tout le sexe féminin? »

Après cet éloquent plaidoyer, le curé et sa femme viennent déposer en faveur du bon caractère de leurs chiens, et le bedeau de la paroisse, qui paraît être en très-bonne intelligence avec Poivre et Moutarde, déclare qu'il les a toujours trouvés deux bêtes inoffensives et ne demandant qu'à plaisanter.

Ce qui n'empêche pas que le jury donne raison à la victime de Poivre et de Moutarde, et que le propriétaire de ces deux intéressants animaux est condamné à 60 liv. st., ou 1,500 fr. de dommages et intérêts.

Voici un autre procès dont la partie principale est encore un chien.

Cette fois, c'est un autre juge, le baron Alderson, qui préside les assises.

L'histoire, c'est que le chien s'est introduit la nuit dans une bergerie, que le fermier s'est levé, a pris son fusil, a trouvé le chien en flagrant délit et l'a tué.

Ce n'est pas le propriétaire des moutons, c'est le propriétaire du chien qui fait le procès.

Nous citons :

« Le juge dit qu'il voudrait savoir de quel chien il s'agit.

« Le plaignant répond qu'il n'en sait réellement rien; tout ce qu'il sait, c'est que c'était un terrier, et que son père était un excellent chien.

« Le juge. — Mais tous les chiens peuvent être dressés à devenir des terriers; j'ai même ouï dire qu'on avait ainsi dressé un cochon.

« L'avocat. — Oui, milord, pour les truffes.

« Le juge. — Je voudrais en savoir un peu plus long sur la race de ce chien.

« L'avocat. — Milord, son père est ici et prêt à comparaître.

« Le juge. — Vous voulez dire le père du défunt? (*The father of the deceased.*)

« L'avocat. — Précisément, milord.

« Le père du défunt est placé sur la table. C'est un très-bel animal, et il paraît qu'outre ses qualités de chien de chasse, il sait faire beaucoup de tours extraordinaires. Il semble d'abord assez inquiet de sa position au milieu de tant de personnes et semble avoir envie de se jeter dessus; mais on parvient à le calmer et il se laisse montrer à la Cour et au jury.

« Le juge dit que le fermier a eu tort de tuer le chien sans avoir essayé de le rappeler, et il engage les parties à arranger l'affaire à l'amiable, ce qui est accepté. »

Dans les *Plaideurs*, Petit-Jean dit qu'il a ses témoins dans sa poche, et en tire la tête et les pieds du chapon. L'intimé présente à Dandin les petits chiens.

Venez, famille désolée,
Venez, pauvres enfants qu'on veut rendre orphelins,
Venez faire parler vos esprits enfantins.
Oui, Messieurs, vous voyez ici notre misère :
Nous sommes orphelins, rendez-nous notre père,
Notre père par qui nous fûmes engendrés,
Notre père qui nous...

DANDIN.

Tirez, tirez, tirez.

L'INTIMÉ.

Notre père, Messieurs...

DANDIN.

Tirez donc. Quels vacarmes!
Ils ont pissé partout.

L'INTIMÉ.

Messieurs, voyez nos larmes.

Poivre et Moutarde et « le père du défunt » comparaissant devant la cour d'assises présidée par les premiers juges d'Angleterre, ne sont-ils pas à la hauteur des chiens éplorés de l'Intimé?

Racine disait :

« Pour moi, je trouve qu'Aristophane a eu raison de pousser les choses au-delà du vraisemblable... Il était à propos d'outrer un peu les personnages pour les empêcher de se reconnaître... »

Racine calomniait Aristophane et se calomniait lui-même; et, dans tous les cas, en allant au-delà du vraisemblable, ni l'un ni l'autre n'étaient sortis du vrai.

Qui donc oserait affirmer que ces deux véridiques anecdotes ne valent pas dans leur genre,

Si parva licet componere magnis,

le procès du docteur William?

Poivre et Moutarde sont bien certainement, dans leur espèce, des types de PERVERSITÉ naturelle, tout aussi remarquables que peut l'être, dans l'espèce humaine, le médecin de Rugeley.

— Dieu ait son âme! dirait en terminant un magistrat anglais.

FIN DE WILLIAM PALMER.

UNE
AFFAIRE D'OR
ÉPISODE DE LA VIE CALIFORNIENNE

PAR

ROBERT HYENNE

A MADAME A. R.......

A vous, Madame, dont l'esprit sérieux et charmant a bien voulu parfois encourager par de douces et amicales paroles les productions d'un jeune écrivain, je dédie ces quelques pages.

Un épisode de voyage dont j'ai moi-même été témoin, deux ou trois scènes étranges, incroyables peut-être, à coup sûr fidèlement retracées, une peinture de mœurs présentée d'une manière aussi attrayante que possible, — feuillet détaché d'un livre destiné à prendre place, un jour ou l'autre, au soleil de la publicité, — voilà, Madame, tout ce qu'il faut chercher ici.

Heureux l'auteur, si vous trouvez quelque intérêt dans cette lecture, car il pourra dès lors, récompense précieuse, compter sur un indulgent accueil de la part des gens de goût!

Paris, 1er mai 1860.

R. H.

I

LA MORALE DES YANKEES.

L'amour, je dirai plus, le culte que professent les Américains du Nord à l'endroit de l'argent, cette divinité de tous les temps et de tous les pays, est devenu proverbial.

Supposez-en effet les Yankees et les Juifs vivant à la même époque : jamais les Juifs n'eussent eu la peine d'inventer le *Veau d'or*. La raison en est toute simple ; depuis longtemps le *Veau d'or* eût été découvert et adoré par les Yankees.

De nos jours, ils ont fait de ce précieux métal le suprême, l'unique mobile de leur existence. C'est le seul lien qui les rattache les uns aux autres, qui les fasse frères, en quelque sorte ; c'est le but plus ou moins éloigné où tendent toutes leurs peines, toutes leurs fatigues, tous leurs efforts ; ils n'ont pas d'autre dieu !

— *Quorum Deus aurum est!* dirait la Bible.

Comment, du reste, en pourrait-il être autrement?

Tout petits, on a bercé les jeunes Yankees au son des dollars ; aussitôt qu'ils ont pu bégayer une syllabe, qu'ils ont su articuler un mot, on leur a appris à connaître les chiffres.

Il n'est pas, dans toute l'étendue des États-Unis, un Américain qui ne sache sur le bout du doigt lire, écrire et compter.

Voilà le secret de la science commerciale de ce peuple.

Ajoutez à cela que toute la sagesse de cette nation se résume en trois mots :

Time is money.

Formule, effrayante de laconisme, qui se traduit ainsi :

— Le temps est de l'argent.

Aussi, emportés par une fiévreuse et insatiable soif de l'or, les Yankees ont-ils donné au commerce toute la sève de leur intelligence, toute la force de leur organisation, enfin jusqu'à la moindre parcelle de leur existence.

Chose effrayante à dire autant qu'à penser, ils sont devenus des hommes-dollars.

Rien ne les effraie, ils ne reculent devant rien, lorsqu'ils ont entrevu, dans une perspective dorée, un gain assuré ou seulement probable. Des moyens que d'autres rejetteraient comme impossibles, comme incompatibles avec leur manière de voir, eux les adoptent, et ils s'en trouvent bien.

Allez chez un Américain, dites-lui que vous avez dans les mains une belle opération à faire, montrez-lui au bout un bénéfice à peu près certain, et offrez-lui d'en courir les risques : vous êtes sûr que de suite il dénouera les cordons de sa bourse et vous mettra à même de commencer l'entreprise. Plus elle sera hardie, plus vous aurez de chances de le tenter : car cette hardiesse même sera pour lui un gage que moins de gens pourront avoir semblable idée, et par cela même lui faire concurrence.

Edgar Poe, l'un des plus grands génies qu'ait encore produits cette patrie du matérialisme, a laissé échapper dans une de ses *Histoires extraordinaires* un mot si profond, qu'il est à lui seul tout un portrait psychologique.

« La bourse d'une Américaine! s'écrie le poète, dans un de ses accès de misanthropie. Il faut que cette bourse soit assez vaste pour qu'elle y puisse enfermer tout son argent,— plus toute son âme! »

Eh bien, ce qu'a dit Edgard Poe de la bourse d'une Américaine, nous voulons le dire à notre tour de la conscience d'un Américain. Il faut que cette conscience soit assez vaste pour contenir tout son or!

Aller chercher des scrupules chez les Yankees, ce serait vouloir trouver des perles sur un fumier.

Voici la preuve que tous les moyens leur sont bons pour faire fortune.

II

UNE VILLE NEUVE.

Le steamer de Panama venait d'entrer, par les *Portes d'Or* (Golden gate) dans la baie de San-Francisco.

Déjà les passagers, groupés sur le pont, avaient pu saluer du regard la petite île d'*Yerba Buena* et la terre d'*Oakland;* déjà les mâts élancés des nombreux navires de toutes nations mouillés dans la rade leur apparaissaient, semblables à une épaisse forêt d'arbres sans feuilles, aux branches incessamment agitées par le vent.

Laissant derrière soi tous ces navires à voiles, le steamer se dirigea, d'un pas lent et majestueux, vers son mouillage habituel, et, quelques minutes plus tard, à l'aide de ses puissantes nageoires de fer, il accostait une longue jetée de bois, élevée sur pilotis, qu'on nomme le *Grand Warf.*

A peine l'amarre était-elle lancée et fixée à l'une des poutres du Warf, qu'une quantité considérable de passagers s'étaient élancés déjà sur la jetée, s'éloignant en toute hâte de la prison flottante qui les avait amenés.

Entraîné malgré moi par la foule, ne sachant, du reste, de quel côté porter mes pas, je me résignai à suivre les autres passagers, et, pendant quelque temps, je marchai à l'aventure à travers la ville.

Quel ne fut pas mon étonnement!

Je m'attendais à trouver devant moi un amas de petites baraques en bois, de tentes mesquines et sales, de constructions misérables, se coudoyant les unes les autres et séparées à peine par des chemins tortueux et infects... Il n'en était rien.

Bien que née d'hier et tout adolescente encore, la ville se revêtait de toutes parts de granit et de briques; çà et là se montraient de gigantesques habitations en fer, importées d'Europe et qui, plusieurs fois déjà, avaient vu brûler autour d'elles, dans des nuits sinistres, plus d'une maison voisine moins bien cuirassée contre l'incendie.

Les Américains ont coutume, avant de bâtir une ville, quelque importance qu'elle doive avoir, d'en tracer le plan : aussi les rues étaient-elles larges et tirées au cordeau.

Je remarquai seulement avec surprise qu'au lieu d'être pavées comme à Paris, toutes étaient ornées d'un simple plancher, sur les deux côtés duquel descendaient en pente vers le ruisseau des trottoirs en bois.

Çà et là, le passage multiplié des piétons et des *drays* (1) avait fini par effondrer cette surface peu solide, et, grâce à l'incurie du conseil municipal et des *aldermen*, je rencontrais fréquemment des trous qui, dans l'obscurité de la nuit, eussent facilement englouti deux hommes à la fois.

Cette chute, moins rare qu'on ne le pourrait croire, n'avait rien d'agréable, si l'on songe que la mer avait formé sous ces planches des abîmes profonds, toujours pleins d'une eau puante et saumâtre qui ne rendait jamais ses victimes.

Certes, il eût été facile de remédier à ce fâcheux état de choses ; mais, dans cette ville d'or, chacun était si occupé de soi et de ses propres affaires, que personne ne trouvait le temps de songer à la sécurité et au bien-être publics.

En marchant au hasard, j'atteignis bientôt une vaste place carrée, un *square*, moins le jardin classique.

Sur ses quatre côtés s'élevaient de magnifiques constructions en briques : l'*Eldorado*, reine des maisons de jeu de la grande cité; la *Bella Union*, la *Verandah*, le restaurant Lafayette,—une manière de *Frères Provençaux* émigrés en Californie, —et le théâtre de Jenny Lind, qui changea plus tard de destination et devint l'Hôtel-de-Ville.

En face de ce monument, sur l'autre côté du square, s'étendaient les bâtiments de la poste aux lettres et l'imprimerie du journal l'*Alta California* et de l'*Echo du Pacifique*.

Le centre de la place était loin de répondre à la grave et simple magnificence de son entourage.

Figurez-vous une belle fille, coquettement attifée, toute parée à ravir avec de blanches dentelles et de frais rubans, et qui, sous un somptueux costume de satin et de velours, porterait un jupon d'une blancheur au moins douteuse, que décèleraient à chaque pas les indiscrétions du vent.

Telle fut l'impression que je ressentis d'abord à la vue de *Washington-Square*.

Sur les quatre côtés de la place, à une distance raisonnable des maisons, s'élevait une palissade en bois qui formait l'enclos. Tout le terrain compris à l'intérieur, terrain qu'on ne s'était jamais occupé de niveler, n'était qu'un amas de fondrières et de cloaques où séjournait, dans des nids d'ordures, l'eau des dernières pluies. Çà et là d'énormes tas de vieux chiffons gisaient pêle-mêle avec des bouteilles vides, devenues inutiles, et des vêtements encore serviables qu'on jetait au rebut, parce qu'il eût fallu les faire blanchir, avant de les utiliser de nouveau : à cette époque, en effet, le blanchissage était hors de prix, et les habits neufs revenaient meilleur marché que ceux même dont on ne s'était servi qu'une fois.

Au beau milieu de ce désordre, si peu imposant qu'il était impossible de le prendre pour un effet de l'art, comme dit le poète, s'élevait un mât gigantesque dont la tête dépassait tous les bâtiments voisins; à sa cime flottait orgueilleusement le pavillon national, le libre et fier drapeau des États-Unis.

Involontairement, je me rappelai les vers si nettement, si énergiquement frappés, où Victor Hugo, en deux coups de crayon, a donné un corps à cette antithèse de la fierté en haillons, de la noblesse qui, bien qu'incessamment battue en brèche par les atteintes de la misère, subsiste, vivante encore, au cœur de l'hidalgo ruiné, opposition étrange qu'on serait presque tenté de traiter d'anomalie et que représente si bien ce type immortel de don César de Bazan (1).

(1) Espèce de charrette particulière aux pays américains.

(2) DON SALLUSTE, *à don César de Bazan.*

Une marquise
Me disait l'autre jour en sortant de l'église :
— Quel est donc ce brigand qui, là-bas, nez au vent
Se carre, l'œil au guet et la hanche en avant,
Plus délabré que Job et plus fier que Bragance,

Dois-je le dire, dans ce rapprochement fait par mon esprit entre la fierté espagnole et l'arrogance américaine, je ne pus m'empêcher de donner la préférence à don César, tout en faisant l'aumône d'un sourire aux prétentions des Yankees.[1]

Puis je m'apprêtai à continuer mon chemin.

Mais il était écrit, sans doute, que la première journée de mon voyage en Californie serait réservée à tous les étonnements.

A peine avais-je fait quelques pas qu'un spectacle original au possible vint accaparer toute mon attention.

III

VUE PRISE DANS WASHINGTON-SQUARE.

Sur tout un côté de Washington-Square, le long de l'Eldorado, et jusque sur les marches du théâtre de Jenny Lind, se tenait une file considérable de décrotteurs aux costumes les plus variés.

Vareuses grises ou bleues, chemises de laine rouge, paletots de toutes couleurs et de toutes formes, çà et là même quelques habits plus ou moins neufs, partant plus ou moins noirs... il y avait de tout dans cette singulière confrérie! Et des chapeaux!... Gavarni les eût dessinés; mais les décrire, ce serait impossible.

Il paraît que c'était alors le moment du *pendent interrupta* pour ces messieurs, car tous dormaient nonchalamment étendus au soleil, ni plus ni moins que de verts lézards.

Je remarquai avec surprise, — le doute n'était pas permis, — que la plupart de ces « amis de l'homme » étaient Français; un seul, que trahissait assez la couleur de son visage, représentait dans cette honorable corporation la race des nègres.

Pour moi, nouvellement débarqué dans un pays dont le moindre indigène m'était tout à fait inconnu, il ne pouvait que m'être agréable de rencontrer des compatriotes, de quelque condition qu'ils fussent. J'avais d'ailleurs nombre de renseignements à demander, et l'occasion s'en offrait trop à propos à moi pour la laisser échapper.

D'un autre côté, j'avais fait dans les rues de la ville une telle provision de poussière, que je n'hésitai pas à m'avancer pour requérir de l'un de ces braves industriels l'exercice de ses fonctions.

Mais, je l'ai dit, tous dormaient, et de si bon cœur, que c'eût été vraiment dommage de les réveiller... qui sait? peut-être de troubler brusquement et d'effaroucher d'un mot quelque beau rêve d'or à peine éclos.

Je me suis laissé dire que les décrotteurs ont le rêve facile et le réveil mauvais!

Donc, je pris le parti d'attendre, tout en faisant le tour de la place, et j'allais en effet m'éloigner, lorsqu'à l'un des angles du square, j'avisai un décrotteur que je n'avais pas tout d'abord aperçu, et qui, au lieu d'imiter ses camarades dans leur *far niente*, semblait savourer avec toute la volupté d'un connaisseur un magnifique cigare de la Havane.

Je me pris, durant quelques minutes, à considérer ce singulier personnage.

C'était un homme d'une trentaine d'années environ, un de ces classiques enfants de la brumeuse Albion, blonds, blancs, roses, aux yeux bleu clair, aux cheveux cendrés, au nez en arête, aux formes grêles et élancées.

Il y avait dans sa mise plus que de la propreté: tout y dénotait le cachet de la recherche et de la coquetterie, et l'expression d'humour qui caractérisait son visage, jointe à la suprême nonchalance, à l'élégant laisser-aller avec lequel il fumait son *puro*, permettait assez de conjecturer que ce fashionable gentleman n'avait pas toujours été un simple décrotteur.

L'avouerai-je? je n'osai pas tout d'abord demander à cet homme aux manières de grand seigneur l'humble service de me cirer mes bottes; sa distinction naturelle m'imposait malgré moi.

Mais lui, comprenant probablement mon hésitation et la cause qui la faisait naître, s'avança vers moi, et, avec le ton de la plus exquise urbanité, m'invita à prendre place dans un large fauteuil de cuir vert posé sur les degrés de l'Eldorado.

Enfin, — tant de comfort peut-il se trouver chez un décrotteur! — il me tendit, pour chasser l'ennui, l'un des journaux du matin.

Alors, du bout de ses doigts effilés, il releva avec une délicate précaution ses blanches manchettes, dont les contours empesés se rabattirent par-dessus son habit; puis, il saisit ses brosses et se mit en devoir de commencer l'opération.

Cependant mes yeux n'avaient plus qu'un seul but: plongé dans un étonnement indicible, du regard je suivais, jusque dans leurs moindres détails, ses méticuleux préparatifs; j'épiais chacun de ses mouvements avec une curiosité, je dirai plus, avec une anxiété toujours croissante...

Il me semblait que cet homme devait avoir une manière toute particulière d'arranger son monde!

Tout à coup il releva vers moi sa blonde tête.

— En quelle langue Monsieur veut-il que je le cire? me demanda l'original décrotteur; en allemand, en français, en espagnol, en anglais ou en chinois?

Il crut que je n'avais pas compris, et plus lentement, cette fois, il réitéra sa question, sans y changer un iota.

Ma réponse fut identiquement la même:

— Comment?

— Ah! je vais vous dire, reprit en ricanant mon Anglais, c'est que, moi, j'aime à causer tout en cirant, et vous comprenez...

— Peste! c'est fort juste, fis-je à mon tour, en m'élevant aussitôt au niveau de mon interlocuteur.

— N'est-ce pas, Monsieur?

— Certainement! Donc, vous voulez causer avec moi; mai auparavant vous désirez savoir quelle langue je préfère?

— C'est cela même.

— Alors, va pour le français!... à moins toutefois que vous n'ayez quelque préférence pour votre propre langue, auquel cas le choix me serait indifférent.

— Oh! me dit-il, sauf un peu d'accent, je parle assez passablement le français.

Je trouvai mon Anglais modeste: il parlait le français aussi bien que vous et moi.

---

[1] Drapant sa gueuserie avec son arrogance,
Et qui, froissant du poing, sous sa manche en haillons,
L'épée à lourd pommeau qui lui bat les talons,
Promène, d'une mine altière et magistrale,
Sa cape en dents de scie et ses bas en spirale?

DON CÉSAR, *jetant un coup d'œil sur sa toilette.*

Vous avez répondu: — C'est ce cher Zafari

DON SALLUSTE.

Non; j'ai rougi, monsieur!

DON CÉSAR.

Eh bien, la dame a ri!
Voilà! j'aime beaucoup faire rire les femmes!

VICTOR HUGO, *Ruy-Blas* (acte 1er, scène 2e).

— Auriez-vous par hasard habité Paris? lui demandai-je alors : car je brûlais de connaître enfin le singulier personnage qui m'avait tout d'abord si vivement intrigué.

Il ne répondit pas de suite à ma question.

Mais, tirant de sa poche un de ces porte-cigares en fine paille tressée comme on n'en trouve que dans les îles, il l'ouvrit et me le présenta d'une main, me faisant signe de l'autre d'y puiser.

Il y avait dans cette offre tant d'affabilité, les gestes de mon Anglais étaient empreints d'un tel charme, d'une si puissante séduction, que, ma foi! je ne pus résister.

Je pris un cigare, un magnifique *habanero*, et j'attendis.

L'Anglais ferma tranquillement son porte-cigares, le remit dans sa poche et me tendit son *puro* tout allumé.

Jusque-là c'était à se croire au milieu d'un salon : nous en agissions vraiment comme de gentleman à gentleman.

Pourtant, mon Anglais n'oubliait pas que, chez lui, le gentleman était doublé du décrotteur : il prit ses brosses et entra dans l'exercice de ses fonctions.

V

LA CARTE A PAYER.

— Ne me demandiez-vous pas tout à l'heure, me dit-il, si j'avais habité Paris?

— C'est vrai, répondis-je, enchanté qu'il voulût bien de lui-même revenir sur ce sujet.

— Eh bien! continua-t-il, vous ne vous trompez pas : oui, j'ai habité Paris. Tel que vous me voyez, je suis le fils unique d'un des premiers négociants de *London*. Mon père, eu égard à la fortune qu'il doit un jour me laisser, m'a élevé un peu en grand seigneur et m'a envoyé à Paris pour me former. J'ai bien été quelque temps... à me former; mais enfin, l'or aidant,..

— Et quelque peu aussi les dames de Paris, n'est-il pas vrai?

— Oui, l'or et les dames de Paris aidant, j'en suis venu à bout. Aussi, à mon retour, je savais si bien éparpiller les bank-notes et les livres sterling, que mon père m'a jugé parfaitement éduqué. Il m'a cherché pour épouse une riche héritière, et, un beau jour, m'a présenté une grande fille à la chevelure en fil de laiton, raide comme un peuplier, ne parlant jamais que par monosyllabes, les yeux toujours baissés, et la bouche veuve de sourires; de plus, pâle et maigre à se demander comment elle faisait pour ne pas tomber à chaque instant et se briser comme verre!

— Diable! mais ce n'était pas une femme, cela.

— Oh! dit modestement l'Anglais, c'est que le portrait n'est pas flatté.

— Ni flatteur, certes!

— Mon honorable père répétait sans cesse, en parlant de sa jeune fille, que c'était : — *A very fine picture!*

— Que ne l'épousait-il?

— Il m'aimait trop pour hésiter à faire mon bonheur en me la donnant.

— Alors vous avez épousé le « charmant tableau »?

— Oh! du tout; j'ai refusé net : aussi mon père m'a-t-il défendu de reparaître devant lui, tant que je ne me serais pas résigné à lui obéir. Mais, *by god*, j'ai eu vite pris mon parti : je suis allé trouver un *captain* de mes amis, qui mettait à la voile pour San-Francisco, et je suis parti avec lui, bien décidé à attendre que mon père ait changé d'avis à mon égard.

— Tout cela ne m'explique pas pourquoi vous avez fait choix d'un métier aussi... peu agréable.

— Je vais vous le dire. Mon père, comptant me prendre par la famine, en même temps que sa maison m'a fermé sa bourse, et ne m'a plus donné la moindre bank-note, la plus légère livre sterling. A mon arrivée ici, il m'a donc fallu prendre une profession quelconque.

— Je comprends; mais pourquoi celle-ci?

— Ah! je sais bien que j'en aurais pu choisir une autre; mais, je suppose, je n'aurais pas eu la même liberté, et moi, j'aime à être indépendant, à pouvoir humer le grand air à mes heures, et à fumer tranquillement, si le cœur m'en dit, un *londrès* ou un *régalia*. D'ailleurs, le métier n'est nullement déshonorant : la Californie a fait justice des préjugés européens, et toutes les professions y sont également honorables, pourvu qu'elles rapportent de l'argent.

— La vôtre vous satisfait-elle sous ce rapport?

— Goddam, sir, il ne faut pas vous imaginer que la spéculation soit mauvaise. J'ai bel et bien des journées dont le total ne s'élève pas à moins de sept à huit dollars; quelquefois même, ça va jusqu'à cinquante francs. Aussi, le lendemain, je laisse reposer la brosse et le pinceau. Je fais toilette et je vais me promener à cheval sur la route de la Mission, les Champs-Élysées de San-Francisco; je dîne à Lafayette-House, et je termine ma soirée par quelque partie de lansquenet ou de pharaon...

— Vous aimez le jeu?

— Non, mais que voulez-vous? il faut bien faire comme tout le monde. Après cela, je rentre chez moi, et, le lendemain matin, j'oublie les plaisirs de la veille pour reprendre gaîment mes outils et redevenir... décrotteur comme devant. Voilà le cercle de mon existence.

— Elle ne me paraît pas très-accidentée.

— Oh! voyez-vous, je ne m'ennuie jamais : j'ai laissé le spleen en Angleterre.

— A ce compte-là, je vois que vous n'êtes pas trop malheureux ici.

— Mais non, et je puis encore attendre avec patience l'héritage paternel.

Ce disant, mon aristocratique décrotteur donnait son dernier coup de brosse.

Je me levai.

— Combien vous dois-je, Monsieur? demandai-je.

— C'est vingt-cinq sous, sir.

— Vingt-cinq sous!...

— Yes, sir, parce que c'est vous!

— Comment?

— Oh! mon Dieu, c'est bien simple.

— Vous avez donc plusieurs prix?

— Certainement! Vous, je vous ai ciré en français : c'est une considération... On est allié, ou on ne l'est pas! Que diable, il ne faut pas écorcher les amis. Mais les Yankees, c'est bien différent! Pays ennemi... *half dollar;* cinquante sous, si vous aimez mieux.

Je ne pus retenir un sourire.

— Vous trouvez cela cher! mais songez donc : vous chercheriez en vain chez mes confrères les avantages que je vous offre, un excellent fauteuil, le journal du matin, les meilleurs cigares, et des renseignements tant que vous voudrez, dans toutes les langues qu'on parle ici. Croyez-vous encore mes prétentions exagérées?

— Vous avez raison, dis-je; payez-vous!

Et je lui donnai une piastre.

— J'espère, ajouta le décrotteur-gentleman, en me rendant ma monnaie, que vous ne m'oublierez pas, et que si, demain ou plus tard, vous me rencontrez sous un autre costume vous me reconnaîtrez et ne dédaignerez pas de presser la main de *Milord Cire*.

— Milord Cire! fis-je tout étonné.

— C'est le nom que m'ont donné vos joyeux et malins compatriotes, mes confrères, qui ne perdent jamais l'occasion de faire de l'esprit quand même.

— Vous pouvez compter sur mon souvenir, me hâtai-je de répondre; votre rencontre me sera toujours agréable.

— En attendant, reprit-il, permettez-moi de vous faire une question?

— Deux, si vous voulez.

— Vous êtes nouvellement débarqué à San-Francisco?

— D'aujourd'hui même.

— Eh bien, laissez-moi vous donner deux conseils.

— Je les accepte d'avance.

— D'abord et avant tout, mettre bien vite de côté, quitte à les reprendre plus tard, ainsi que des objets déposés au vestiaire, vos belles manières de Paris: car il n'y a rien de sûr, voyez-vous, dans ce pays d'assassins et de voleurs, comme le *chic* américain.

— Après?

— Oublier qu'à Paris on paie tout en gros sous, pour vous souvenir que vous êtes ici dans le pays de l'or. Autres lieux, autres mœurs, comme on dirait chez vous.

— Mais cependant...

— Tenez, la seule aventure désagréable qui me soit arrivée ici va vous convaincre.

— Voyons!

— Comme vous, je venais de débarquer sur le Grand-Wharf. Un homme, un Yankee, se présente pour porter ma malle: je la lui confie. Durant le trajet, comme sa casquette le gênait, il me prie de la lui tenir. Arrivé à l'hôtel: — Combien? dis-je. — Dix piastres, me répond l'homme, qui tenait toujours la malle sur son épaule. — C'est cher! — Vous trouvez? — Oui, vraiment. — C'est le prix!

Il n'y avait rien à répondre: je payai, mais sans prendre la peine de dissimuler une grimace en guise de protestation. L'homme déchargea la malle, et, se retournant vers moi:

— Veuillez me rendre ma casquette, me dit-il. Je m'empressai de la lui tendre. Tout en la prenant, il tira de son gousset une once d'or (1), et la déposant sur la malle: — Voilà, me dit-il, comment je paie les commissions qu'on fait pour moi! Puis il enfonça son chapeau sur sa tête et s'éloigna, aussi fier qu'Artaban.

— Merci, dis-je à Milord Cire. Le conseil est bon, j'en profiterai.

Et je m'en allai en le saluant comme s'il se fût agi d'un des principaux personnages de l'État.

V

MILORD CIRE.

Quelques semaines s'écoulèrent.

Entraîné par le courant des affaires, j'oubliai presque complètement mon décrotteur-gentleman. Et, je dois le dire, n'eussent été ses excellents conseils, que l'expérience me mettait chaque jour à même de mieux apprécier, j'eusse considéré la rencontre du jeune Anglais comme un véritable rêve fantastique.

Un jour que, revenant des bureaux de la poste, je m'apprêtais à traverser Washington-street, mes regards tombèrent tout à coup sur une magnifique calèche qui stationnait devant le restaurant Lafayette.

C'était un événement assez rare alors que la présence d'une calèche dans les rues de San-Francisco, pour que mon étonnement n'eût rien que de fort légitime.

Je m'arrêtai donc quelques minutes à considérer l'élégant véhicule, admirant les deux chevaux de race dont il était attelé et qui piaffaient à qui mieux mieux sans s'inquiéter du groom chargé de les maintenir.

Certes le propriétaire d'un tel attelage devait être un homme fort riche, un des puissants de la Californie. S'il eût pu, sur ce point, rester quelque doute dans mon esprit, il se fût bien vite évanoui à la vue des harnais tout garnis d'argent qui formaient l'équipage des chevaux.

J'allais continuer mon chemin, lorsque la porte du restaurant s'ouvrit pour livrer passage à deux fashionables gentlemen, qui s'avancèrent ensemble vers la calèche.

Le plus âgé, que j'avais déjà reconnu pour le gouverneur de Californie, escalada lestement le marche-pied et, d'un signe, invita gracieusement son compagnon à prendre place à ses côtés.

Ce compagnon, c'était Milord Cire; mais non plus Milord Cire, le décrotteur...

Non, non, c'était un tout autre Milord Cire!

Bottes vernies, pantalon collant, habit noir à la dernière mode, le lorgnon à l'œil, et l'une de ses mains, toutes deux irréprochablement gantées, jouant avec un petit jonc à pomme d'or... Tel était maintenant mon Anglais de Portsmouth-square!

C'était à croire qu'il venait d'arriver à San-Francisco en passant par le boulevard des Italiens.

Malgré tout ce que contenait d'insigne faveur, de distinction flatteuse, l'invitation du gouverneur californien, Milord Cire s'excusa probablement de ne pouvoir accepter, car je vis les deux gentlemen se serrer cordialement la main, ni plus ni moins que deux amis du même âge.

Quelques secondes après, la calèche, emportée par ses deux coursiers au frein tout blanc d'écume, soulevait derrière elle d'épais tourbillons de poussière.

Avant que j'eusse eu le temps de me retourner, Milord Cire, qui déjà m'avait reconnu, était à mes côtés et me disait:

— Eh bien! vous m'avez donc tout à fait oublié?

— Oh! croyez...

— Fi! que c'est mal!

J'allais lui répondre par une de ces phrases banales qui ne veulent rien dire, il ne m'en laissa pas le temps.

— Oh! ne croyez pas que je vous en veuille, au moins! On a tant à faire, dans ce pays d'or et d'argent, qu'il est bien permis de ne songer qu'à soi. Charité bien ordonnée... mais vous connaissez le proverbe, puisque c'est vous qui l'avez inventé!

— Eh bien! oui, je m'accuse, mais à la condition que vous me pardonnerez: est-ce dit?

— Tenez, je suis bon prince, voilà ma main!

— Allons, dis-je en serrant la main qu'il me tendait, vous avez toutes les qualités, puisque vous êtes généreux.

— Oui; mais, maintenant que vous voilà, je vous en avertis d'avance, je vous garde toute la soirée, à moins cependant que vous n'ayez déjà disposé de votre temps.

— Comment donc! fis-je, mais c'est avec le plus grand plaisir que je vous donne ces quelques instants.

— Vraiment?

— Dame! on n'a pas tous les jours la bonne fortune de rencontrer quelqu'un qui vous plaise et avec qui l'on puisse s'entretenir d'autre chose que de commerce et de dollars.

— Avouez que vous n'avez guère couru après cette bonne fortune-là?

(1) Pièce de monnaie qui vaut 16 piastres (80 francs).

— C'est-à-dire que vous voulez me faire recommencer mon *Confiteor?*

— Ma foi, non! Et tenez, laissons là ce sujet.

— Je le veux bien.

— Voyons, que vous est-il arrivé de nouveau depuis notre première rencontre?

— C'est à vous qu'il faut demander cela.

— Oh! moi... Les événements ont marché, depuis lors...

— Comme avec des bottes de sept lieues?

— Vous avez dit le mot, et j'ai plus d'une chose intéressante à vous apprendre.

— Quoi donc? auriez-vous renoncé à cette position indépendante qui m'a procuré l'occasion, je veux dire le plaisir de faire votre connaissance?

— Cela d'abord... Mais procédons par ordre!

— Je ne demande pas mieux.

— Figurez-vous que j'ai reçu des nouvelles de Londres.

— Bah!

— Oui, une lettre de faire part.

— Votre père aurait-il convolé de nouveau?

— Oh! non, ce n'est pas cela.

— Alors, c'était une lettre de décès?

— Vous avez deviné. Mon père m'écrit que sa *charmante peinture...* vous savez bien?

— Oui, la femme-peuplier...

— Aux cheveux en fil de laiton, c'est cela même. Eh bien! elle est morte.

— Cela devait arriver.

— Certainement; mais cela aurait pu n'arriver que plus tard.

— Et vous n'êtes pas fâché... je comprends! Mais de quoi est-elle morte?

— D'une maladie de poitrine, six mois après avoir épousé un gros gentleman qui la bourrait de pommes de terre et de *green corn* (1) pour la faire engraisser.

— Ce devait être un prétexte.

— C'est ce que j'ai pensé comme vous. Or, le plus curieux de l'affaire, c'est que ce trépas subit a donné à penser à l'auteur de mes jours.

— Allons, je vois que bien décidément les pères anglais et les pères français ont été fondus dans le même moule!

— Comment cela?

— Ils agissent d'abord et réfléchissent après.

— C'est, ma foi, vrai! Pour en revenir à l'auteur de mes jours, il m'a doué d'une pénétration sans égale, et s'est empressé d'écrire ici au consul anglais pour me rappeler. Il a quitté le commerce et me donne dès à présent une partie de ce qui doit me revenir après sa mort.

— A la condition, sans doute, que vous épouserez quelque belle Anglaise de son choix?

— Au contraire, plus de mariage forcé. L'honorable vieillard sait trop bien qu'au premier mot je serais capable de reprendre les travaux...

— A perpétuité?

— A perpétuité.

— C'est du courage.

— Vous me blâmez?

— Du tout. Et vous acceptez alors avec empressement l'amitié paternelle.

— Je crois bien et je pars dans deux jours par le packet de New-York, bien déterminé à passer l'hiver à Paris et à épouser une lady française.

— Mais votre père consentira-t-il au moins?

— Bah! j'ai tant de pénétration maintenant que mon choix ne saurait être mauvais, et qu'il s'empressera d'y souscrire.

— Comme on souscrit en Angleterre... pour un certain nombre de livres sterling!

— C'est bien là-dessus que je compte.

— Allons, tant mieux!

— En attendant que je prenne congé de vous, laissez-moi me souvenir que je suis votre amphitryon!

— Oh! vous voyez que je me laisse faire.

— Eh bien! entrons donc prendre le café dans ce grand bâtiment en briques!

Et l'Anglais, tout en passant son bras sous le mien, m'indiquait du bout de son *stick* une belle maison rouge dont le fronton était surmonté d'un aigle d'or, aux serres crispées sur un faisceau de foudres.

Au-dessous, se détachant coquettement sur une banderolle blanche, on distinguait cet exergue en lettres d'or :

BELLA UNION.

Je fis signe à Milord Cire que j'acceptais son offre, et, bras dessus bras dessous, nous franchîmes les degrés qui conduisaient à l'intérieur de la maison en briques.

VI

LA SALLE DE JEU.

C'était tout à la fois une maison de jeu et un café chantant : question d'étages.

On jouait au premier, et, tandis que les joueurs, selon leur bonne ou mauvaise chance, gagnaient ou perdaient des sommes considérables, on buvait au rez-de-chaussée.

Quelque quarante squelettes, retrouvés plus tard derrière des barils gorgés d'or, prouvèrent que les caves remplissaient leur rôle dans les drames sanglants des maisons de jeu.

Le procédé était si simple!

Un monsieur trop heureux, — ou trop adroit, ce qui est la même chose, — poussait-il l'oubli des convenances jusqu'à faire sauter une banque, on le payait d'abord, on le faisait boire ensuite, puis on se rattrapait, en fin de compte, en supprimant le gagnant.

Le lendemain, la banque réinstallée se remettait à fonctionner de plus belle, sans que personne eût l'idée de lui faire un crime de son nouveau capital.

Milord Cire était entré le premier, je le suivis.

— Voulez-vous, me demanda-t-il, que nous montions un instant à la salle de jeu?

— Je dois vous prévenir que je ne joue jamais.

— Histoire de jouir du coup d'œil?

Quelques secondes plus tard, nous faisions notre entrée dans un vaste salon, richement éclairé et garni de tapis verts.

Lorsque nous fûmes, non sans peine, parvenus à nous frayer un passage à travers la foule de joueurs, de curieux, de marchands et d'indifférents, qui se pressaient autour des tables et encombraient le chemin, je me mis à considérer tranquillement la physionomie du lieu.

C'était un singulier spectacle, je vous le jure, et une étrange collection d'individus!

Chaque table avait, au reste, son genre de joueurs et de curieux.

Ici, des Mexicains, à la figure hâlée par le soleil, aux cheveux noirs et épais, aux vêtements déguenillés sur lesquels

(1) Maïs vert.

retombait un *zarape* (1) aux vives couleurs, assiégeaient littéralement une table de *monte* (2). Le *pharaon* était accaparé par des Yankees, en habit noir, ornés de faux-cols aux pointes menaçantes, et surmontés de chapeaux tromblons, qui contrastaient avec les *sombreros* aux larges bords des Mexicains. Le trente-quarante et la roulette étaient l'objet d'un culte plus général ; il y avait de tout là : Allemands, Italiens, Français, même quelques Chinois, tous vêtus des costumes les plus bizarres et les plus pittoresques. Quant aux tables de vingt-et-un, tenues par des Françaises, elles étaient presque exclusivement le rendez-vous de gens qui convoitaient moins l'or que la femme, et qui profitaient du charivari incessant formé par les chants affaiblis partant du rez-de-chaussée, le bruit des pièces d'or et d'argent roulant sur les tapis verts, et les cris des joueurs, pour lancer quelques galants propos à leurs jolies voisines.

Mêlez maintenant à ce tohu-bohu le flux et le reflux de la foule qui se pousse pour entrer ou sortir, les garçons du *bar* (3) courant porter aux joueurs les consommations demandées, les épais nuages de fumée produits par un nombre illimité de cigarettes et de cigares, l'atmosphère échauffée qui doit en résulter, et vous aurez peut-être une idée de ce qu'était le salon de jeu de la *Bella Union*, au moment où nous y entrâmes, Milord Cire et moi.

Mon compagnon s'était arrêté devant la roulette. Sur un signe qu'il me fit, je m'approchai de lui.

— Tenez ! me dit-il à voix basse, regardez cet homme qui vient de placer cinquante piastres, c'est-à-dire le maximum, sur les deux zéros !

— Je le vois.

— Eh bien ! je ne serais pas étonné qu'il lui arrivât malheur, s'il continue de gagner comme il vient de le faire cinq fois de suite.

— Qui peut vous faire supposer ?...

— Un signe que je viens de surprendre sur la figure du banquier...

Milord Cire ajouta quelques mots encore ; mais, quoique je prêtasse attentivement l'oreille, je ne pus rien entendre de plus.

— *Make your game, gentlemen!* Faites votre jeu, messieurs ! criaient sur tous les tons les voix assourdissantes des *gamblers* (4).

En un instant, le tapis fut couvert.

— *All made?* Tout est-il fait ? demandèrent les mêmes *gamblers*.

Un silence éloquent répondit seul à ces paroles.

La roulette tourna.

Toutes les respirations étaient suspendues, toutes les têtes immobiles, tous les regards fixés vers ce disque brillant, dont les évolutions rapides et pourtant trop lentes contenaient peut-être la ruine ou la fortune de chacun.

Bientôt les mouvements circulaires devinrent plus lents, plus lents encore, toujours plus lents...

C'était à faire mourir !

La roulette s'arrêta.

Toutes les têtes se relevèrent, un cri partit de toutes les bouches...

L'homme avait encore gagné !

Le banquier, sans dire un mot, prit successivement devant lui plusieurs piles de pièces d'or et les aligna flegmatiquement sur le tapis, sous les yeux mêmes du gagnant.

Mais, au moment où celui-ci s'apprêtait à les ramasser, une main inconnue s'abaissa sur son épaule.

Lorsqu'il se retourna, il était en face d'un *policeman*.

— Que voulez-vous ? demanda le joueur.

— Que vous sortiez, d'abord ; nous verrons après.

— Mais on n'arrête pas les gens sans leur dire pourquoi ?

— C'est un voleur ! murmurèrent deux ou trois voix.

— Vous entendez ? fit le policeman.

— Moi, un voleur ! Quel est le misérable qui a osé dire cela ?

— Il y a une heure qu'il joue ici, affirma le banquier en s'interposant, et il n'a pas perdu une seule fois : vous voyez bien que cet homme est un voleur !

Le malheureux joueur voulut répliquer ; mais d'un mot le policeman lui ferma la bouche.

— Ces messieurs ont raison, dit-il. La roulette est arrangée pour gagner ; si vous gagnez toujours, c'est que vous êtes plus voleur qu'eux. En route !

Et, sans plus vouloir entendre un mot, il le poussa brutalement dehors.

Quant à moi, j'avais, je l'avoue, suffisamment joui du coup d'œil, comme disait pittoresquement mon fantasque Anglais. Aussi m'empressai-je de manifester à mon compagnon le vif désir que j'avais de sortir du salon de jeu.

Il acceda de suite à mon désir et nous descendîmes au rez-de-chaussée.

VII

POUR UNE CANTATRICE !...

— Où allez-vous donc ? me dit Milord Cire, voyant que je me dirigeais vers la porte de sortie.

— Mais... dehors ! N'est-ce pas votre intention ?

— Non, ma foi ! Nous sommes entrés ici pour prendre le café, et, comme c'est moi qui vous l'offre, je tiens à jouer mon rôle jusqu'au bout.

— Enfin, il est écrit qu'on ne peut rien vous refuser !

— Je l'entends bien ainsi. D'ailleurs, il nous reste encore quelque chose à voir, et je ne vous tiens pas quitte ainsi du spectacle.

En ce moment, nous pénétrions dans une vaste salle qui, avec le salon d'entrée, composait le rez-de-chaussée de la *Bella Union*.

Au fond de cette grande et riche pièce, s'élevait une estrade splendidement illuminée, sur laquelle étaient assis plusieurs artistes français qui, tour à tour, faisaient entendre au public des morceaux de leur choix.

Au milieu de tous, trônait en reine la prima donna qui n'était autre que la maîtresse même du chef de l'établissement.

Le *bar* était occupé par une gracieuse Française, qui, pour se venger de son état de prisonnière, abusait de ses charmes en se faisant offrir force bouquets par des Yankees aussi naïfs qu'amoureux.

Ce n'était pas tout que d'entrer dans ce café : il fallait encore se placer quelque part. Or, cette seconde partie du programme présentait des difficultés presque insurmontables, tant était grande l'affluence des gens de toutes sortes qu s'étaient donné rendez-vous au concert. A ce point que, beau-

(1) Espèce de vêtement bariolé qui ressemble à une chasuble de prêtre.

(2) Jeu de cartes originaire de l'Amérique espagnole et très en faveur surtout chez les Mexicains.

(3) Comptoir garni de liqueurs et tenu par un garçon qui prend le nom de *bar-keeper*.

(4) Ce mot anglais a cela d'original qu'il possède une double signification : ainsi il sert à la fois à désigner un *filou* et un *joueur*.

coup ne trouvant réellement où se loger, étaient forcés de se tenir debout en attendant une table libre.

Tel eût sans doute été notre sort sans un ami de Milord Cire, qui, à la vue de notre embarras, s'empressa de nous faire place auprès de lui.

Une fois installés, Milord Cire demanda le café, et nous écoutâmes les chanteurs.

Puis, mon charmant compagnon reprit la conversation que nous avions été contraints d'interrompre, et me fit part de ses projets d'avenir, m'invitant, si jamais j'allais à Londres, à ne pas passer sans lui demander l'hospitalité. Ce que je lui promis.

Une partie de la soirée s'écoula ainsi.

L'ami de Milord Cire nous avait quitté depuis longtemps déjà et nous-mêmes nous apprêtions à nous retirer, lorsqu'un long murmure, qui semblait la plus haute expression d'un contentement indicible, traversa la salle et parvint jusqu'à nous.

— Qu'y a-t-il donc ? demandai-je, tout curieux.

— Asseyez-vous, me dit Milord Cire, et restons encore quelques minutes : c'est la prima donna de l'endroit qui va chanter et dont on raffole ici.

— Quelque merveille?

— Mon Dieu, non!

— Comment alors expliquez-vous cet empressement?

— C'est bien simple, allez! Ne savez-vous pas que partout l'absence du rossignol fait le triomphe du pinson?

— C'est juste!

— Et puis les Yankees n'y regardent pas de si près. Que le comédien fasse des contorsions, le chanteur de grands éclats de voix, et les voilà contents! Tenez, savez-vous quel est leur instrument de prédilection?

— Je ne le soupçonne même pas.

— Devinez!

— Il y a bien trop longtemps que j'ai donné ma démission de sphinx.

— Je vous le donnerais en mille... Deux longs fragments d'os placés entre les doigts et battus l'un contre l'autre!... Il n'a pas fallu un grand effort d'imagination pour trouver cet instrument-là! Qu'en dites-vous?

— Rien, si ce n'est que, depuis longtemps, l'instrument des Yankees a été inventé et joué par les petits enfants de mon pays.

— Eh bien! il en est de tout ainsi dans leur république!... Mais, chut!... Voici le pinson qui commence.

— Ecoutons!

La cantatrice attaquait les premières notes du grand air de *Guillaume Tell*.

— Voilà qui est téméraire! pensai-je tout bas.

Pourtant elle enleva d'une manière assez satisfaisante le premier motif; puis elle passa au second.

Tout à coup, je me sentis saisir par le bras ; je me retournai.

— Voyez donc! me dit Milord Cire.

Et, en même temps, il m'indiquait de l'œil deux étranges personnages debout à quelques pas de nous.

L'un était un Américain, mais tout ce qu'il y a de plus naïvement Yankee : le pantalon profondément rentré dans des bottes à tiges rouges, et le col emprisonné dans un large faux-col aux pointes aiguës comme des lames de poignard.

Le chapeau sur la tête, les deux mains accrochées aux entournures du gilet, il écoutait avec une attention fiévreuse. Il était, pour ainsi dire, suspendu aux lèvres de la prima donna, et, dans l'extase où le plongeait le chant, il exprimait tout haut son ravissement par les épithètes les plus ronflantes qu'il puisse être donné à un Yankee de trouver :

— *Very nice!... beautiful!... splendid!... Splendid!...* Tout y passait.

A côté de lui, et plus rapproché de nous, se tenait un petit homme, à la figure brûlée par le soleil, aux cheveux noirs et frisés, se déroulant sous un vaste chapeau de feutre marron.

Une veste en velours noir et un large pantalon de même étoffe, ouvert sur les côtés et tout semé de boutons en argent, composaient son costume. Sa taille était serrée, à la mode mexicaine, par une coquette ceinture de soie rouge tressée, dont les deux bouts, noués sur le côté, retombaient le long de sa jambe et se balançaient à chacun de ses mouvements.

Lui aussi, tout en roulant flegmatiquement entre ses doigts son *cigarro de papel*, écoutait la cantatrice ; mais il était bien loin de partager le bruyant enthousiasme de son voisin le Yankee, et, autant le visage de ce dernier était rayonnant de joie, autant le sien demeurait froid et impassible.

Depuis quelques instants déjà, l'Américain jetait sur lui des regards de colère : un orage grondait évidemment dans sa poitrine, prêt à éclater au moindre choc.

A la fin du morceau, l'exaspération du Yankee avait atteint son *maximum*, d'intensité. Il admirait : tout le monde, à son point de vue, devait en faire autant, et c'était insulter à son goût que de ne point l'imiter.

Il chercha querelle au Mexicain.

VIII

UN DUEL A L'AMÉRICAINE.

De Mexicain à Yankee la distance est grande, dans l'esprit du moins, de ce dernier.

Un Mexicain!... Qu'est-ce que cela, je vous prie?... sinon le dernier être de la création, moins qu'un chien!... Figurez-vous le juif du moyen âge, dont on expiait le meurtre en payant quatre sous d'amende.

Il est vrai que le sou n'avait pas encore, à cette époque, tellement baissé dans l'estime publique, qu'on le traitât aussi dédaigneusement qu'aujourd'hui : l'or et l'argent se disputaient l'honneur de servir à faire des sols ; mais cette monnaie, relativement, n'en était pas moins inférieure aux autres.

Nous avons laissé le Mexicain et le Yankee aux prises.

Après quelques paroles violentes renvoyées de l'un à l'autre, la querelle s'envenima. Les Mexicains ont l'oreille sensible, que c'est effrayant ; de leur côté, les Américains vous ont des brutalités d'expressions à faire damner un saint, à plus forte raison un Mexicain! Vous voyez bien que la lutte était imminente.

L'Américain voulut en finir d'un seul coup.

Sous prétexte d'inculquer de vive force à son adversaire l'amour de la musique, il tira son *revolver* sans autre forme de procès.

Ainsi fit le Mexicain pour la défense de son indépendance en matière de goût, et tous deux, en plein café, au milieu de la foule qui les entourait et qui ne fit ni un mouvement ni un signe pour les arrêter, se reculèrent de cinq pas et s'ajustèrent avec le plus grand sang-froid du monde.

A cette vue, ce ne fut dans toute la salle qu'un seul cri :

— *Look out!...* Prenez garde!...

Aussitôt, comme si d'avance les assistants eussent su jusqu'au moindre détail de ce qui s'allait passer, toutes les têtes se courbèrent jusqu'au niveau des tables pour ne pas être atteintes par les balles.

Averti par Milord Cire, j'avais un des premiers mis la mienne à l'abri, car, ainsi que je l'ai dit, les deux hommes étaient tout près de nous.

Tout à coup une détonation formidable se fit entendre, accompagnée d'un sifflement strident. Les murs de la salle frissonnèrent comme sous le coup d'un tremblement de terre. Un coup de foudre eût été moins effrayant.

Le Yankee et le Mexicain avaient achevé de décharger leurs revolvers; je me relevai.

Chose étrange! sur six balles tirées par chacun, aucune ne les avait touchés : ils étaient tous deux sains et saufs.

— N'est-ce pas là un vrai miracle? dis-je à Milord Cire, sans quitter du regard les deux adversaires.

Mon compagnon ne me répondit pas.

Je me retournai... Il était toujours incliné à côté de moi.

Je l'appelai... même silence!

Je me hasardai enfin à le tirer par le bras... Mais son corps, cédant à mon attraction, retomba lourd et inerte sur le plancher dans une large mare de sang.

Horreur! il était mort!

Sans doute le pauvre Anglais s'était relevé trop tôt, et l'une des dernières balles, une balle perdue peut-être, l'atteignant au front, l'avait tué raide.

Au cri que je poussai, deux garçons accoururent.

D'un regard, ils comprirent ce qui venait de se passer.

Vous croyez peut-être qu'ils s'empressèrent de ramasser le cadavre pour lui prodiguer quelques soins, s'il en était temps encore, ou, tout au moins, pour le mettre en sûreté?...

Détrompez-vous!

Ils le prirent, l'un par la tête, l'autre par les pieds, et sans plus de cérémonie, le jetèrent au beau milieu de la rue.

Puis, comme s'il ne se fût rien passé que d'ordinaire et de fort naturel, le concert recommença, et chacun reprit son occupation momentanément troublée, qui sa demi-tasse, qui sa partie de cartes ou d'échecs, qui enfin sa conversation sur les spéculations du lendemain.

Quant au Mexicain et au Yankee, tout en s'observant à distance, ils s'étaient remis, l'un à savourer la musique, l'autre à rouler entre ses doigts une nouvelle cigarette.

Pour moi, j'étais si atterré, si stupéfait de ce que je venais de voir, que, sur le premier moment, je ne pus trouver un seul mot pour exprimer mon indignation.

Enfin, la raison revenant et le sang-froid avec elle, je me levai, et d'un bond je sautai dans la rue.

Le corps de Milord Cire était toujours là, sanglant, défiguré, exposé à être foulé aux pieds par cette hideuse populace qui grouille aux heures nocturnes autour des maisons de jeu.

Mais j'étais là! Je ne pouvais permettre un tel sacrilége, une telle profanation... moi, que cet homme avait, quelques minutes auparavant, traité comme un ami, moi qui avais mis ma main dans sa main!

Je courus à mon hôtel chercher quelqu'un qui voulût m'aider à l'emporter, à l'ensevelir.

Au bout d'une demi-heure, j'étais de retour avec deux hommes.

Malgré l'obscurité de la nuit, car toutes les maisons de la place étaient maintenant fermées, je guidai mes compagnons vers l'endroit où j'avais laissé le corps.

Hélas! nous eûmes beau chercher, nos efforts pour le retrouver demeurèrent infructueux...

Le cadavre avait disparu!..

IX

L'ENSEIGNE

Le lendemain, bien décidé à m'enquérir par tous les moyens possibles de ce qu'était devenu le corps de mon malheureux ami, je m'acheminai tristement vers Washington-street.

A mon grand étonnement, je trouvai la rue tellement encombrée de monde, qu'il ne me fut pas possible de gagner le square et que je dus me résigner à prendre place à la queue qui ondulait tout le long de la voie publique, en avançant pas à pas comme s'il se fût agi d'entrer au théâtre.

Étrange théâtre, hélas! que celui où j'étais porté par le reflux de la foule, mais plus étrange encore et plus infâme mille fois le spectacle qui m'y attendait!...

— Qu'y a-t-il donc? avais-je essayé de demander aux personnes qui m'entouraient.

— Nous ne savons pas, m'avait-on répondu. Quelque *lofeur* (1), sans doute, qui fait des siennes!...

Mes voisins n'en savaient pas plus que moi.

Au bout d'une demi-heure qui me parut un siècle, je pus enfin découvrir la place et apercevoir la maison qui servait de point de mire à la curiosité générale.

Cette maison, attenante à la *Bella Union*, était celle d'un marchand de cigares... un Yankee aussi, celui-là!...

Tandis que je me creusais en vain la tête pour tâcher de deviner le mystère que j'étais appelé à approfondir, mon tour arriva.

Je gravis lentement les deux degrés de pierre qui conduisaient à la boutique de l'Américain.

Mais à peine j'eus mis le pied sur la dernière marche, que je poussai un cri d'horreur et faillis tomber à la renverse...

L'homme que j'avais là... devant moi... dans le comptoir... les deux mains étendues sur une vitrine pleine de cigares... entièrement habillé de noir, sauf le cou qu'étreignait un faux-col à la Yankee... c'était mon pauvre ami, c'était Milord Cire!...

Pour comble de profanation, sur son front violet et livide, juste à la place du trou creusé par la balle, s'étalait, — dérision amère! — un large pain à cacheter noir...

D'un cadavre on avait fait une enseigne!...

Dire l'effet que produisit sur moi la vue de ce sacrilége, serait impossible.

Pendant plus d'une minute, je restai comme pétrifié; mes yeux ne voyaient plus, ma bouche était muette, mes jambes vacillaient, j'allais tomber...

Tout à coup, une violente réaction s'empara de moi.

Je pénétrai dans la boutique du marchand de cigares, et, sans chercher à contenir mon indignation, j'adressai au Yankee les plus violents reproches et le sommai de me rendre le corps, le menaçant, s'il refusait, de porter plainte aux autorités.

Mais le misérable sourit... Bien plus, il poussa l'audace jusqu'à me demander si je désirais des cigares!...

C'en était trop!...

Furieux, ne me connaissant plus, j'allais m'élancer sur l'ignoble marchand, lorsque je me sentis saisir le bras par un de mes voisins...

C'était un Français de la Nouvelle-Orléans, qui m'assura que je n'avais rien à dire, que la loi me donnerait tort et que l'Américain était parfaitement dans son droit.

Il avait trouvé le cadavre devant sa porte, en ouvrant sa boutique; il l'avait entré chez lui, l'avait nettoyé et habillé; c'était désormais sa chose.

Je n'y pouvais rien, je sortis.

Que faire, en effet, dans un pays où la justice est toute dans le bon plaisir d'un juge, d'autant mieux disposé qu'il aura mieux déjeuné, le matin, ou prêt à condamner à tort et à tra-

(1) Ce mot, que nous écrivons à dessein tel qu'on le prononce, servait en Californie à désigner tous les individus qui passaient leur temps à boire, à se quereller, et à jouer du revolver.

vers, sous prétexte que de mauvais rêves auront troublé son sommeil?

Je me rappellerai toujours l'histoire d'un de mes amis, écrasé par un charretier américain.

Après être resté, trois mois durant, étendu sur un lit de douleur, le convalescent fit appeler devant le juge, pour lui réclamer de légitimes dommages-intérêts, le charretier dont la voiture lui avait passé sur le corps.

— Avez-vous des témoins? demanda le juge à mon ami.

Six personnes se levèrent, qui toutes déposèrent de l'accident arrivé sous leurs yeux par la faute du charretier.

Les choses étaient au mieux pour mon ami, et le juge s'apprêtait à condamner le charretier, lorsque celui-ci produisit vingt témoins qui n'avaient pas vu écraser le plaignant.

Je le crois bien! Ils étaient, ce jour-là, à deux lieues de San-Francisco! N'importe, le charretier fut acquitté, et mon ami condamné aux dépens. Voilà la justice américaine!...

X

LA MORALE DU YANKEE.

Malgré tous les obstacles que suscitait l'insuffisance des lois américaines, je ne pouvais oublier qu'il me restait à remplir un de ces devoirs sérieux, puissants, impérieux, qui n'admettent pas de transaction possible.

Durant quatre jours, je revins, chaque matin, chez le marchand de cigares, espérant toujours que cet homme se serait enfin lassé d'héberger la mort dans sa maison.

Mais non!... Toujours je trouvai là, à la même place et dans la même position, le cadavre de Milord Cire.

Et toujours la foule, curieuse et avide d'émotions, se ruait à ce triste spectacle.

Le cinquième jour seulement, suffoqué par les exhalaisons putrides qui se dégageaient du corps, l'Américain se décida enfin à l'abandonner.

Mais il manquait encore quelque chose au sacrilège!...

Les Américains ne font rien à demi.

Il le dépouilla entièrement des habits qui le couvraient; puis, quand il eut terminé cette affreuse et pénible besogne, il le traîna par les pieds jusqu'au milieu du square et le laissa étendu sur un tas de chiffons et de verres cassés.

Je payai deux hommes pour l'ensevelir, et, pénétrant une dernière fois dans le magasin de cigares, je voulus essayer de faire quelques représentations au Yankee sur ce que sa conduite avait d'odieux.

Il ne m'en laissa pas le temps.

Aux premiers mots, il partit d'un grand éclat de rire, et d'une voix bouffonne :

— Bah! me répondit-il, en se frottant joyeusement les mains, une affaire d'or!... j'ai gagné cinq cents dollars!

Pour cet homme tout était dit.

FIN D'UNE AFFAIRE D'OR.

Imprimé par Charles Noblet, rue Soufflot, 18.

www.ingramcontent.com/pod-product-compliance
Ingram Content Group UK Ltd.
Pitfield, Milton Keynes, MK11 3LW, UK
UKHW022144190726
13855UKWH00003B/1324

9 782013 071390